**Kurt Häfner
Michael Karle**

LANZ

Landmaschinen-Prospekte
von 1935 bis 1945

Kosmos

Mit 169 größtenteils mehrfarbigen und mehrseitigen Werbeprospekt-Abbildungen in ihrer Originalfarbe. Sie stammen aus den Archiven der John Deere-Werke, Mannheim, Michael Karle und Kurt Häfner.

Lektorat und Herstellung von Siegfried Fischer, Stuttgart

Umschlag gestaltet von Atelier Jürgen Reichert, Stuttgart. Die Bilder zeigen den Gabelheuwender LGW 60, die Kleedreschmaschine KL VI, die Kurzstroh-Ballenpresse BPK 350 sowie eine Schwingkolben-Strohpresse (Rückseite).

Die Deutsche Bibliothek – CIP-Einheitsaufnahme

Heinrich Lanz AG ‹Mannheim›:
Landmaschinen-Prospekte von 1935 bis 1945 / Lanz / Kurt Häfner; Michael Karle. – Stuttgart : Kosmos, 1998
ISBN 3-440-07447-1

© 1998, Franckh-Kosmos Verlags-GmbH & Co., Stuttgart
Alle Rechte vorbehalten
ISBN 3-440-07441-1
Printed in Germany/Imprimé en Allemagne
Satz: Typomedia Satztechnik, Ostfildern
Druck und Bindung: Westermann Druck Zwickau GmbH, Zwickau

Inhalt

Ein Wort vorab 5

Qualitäts-Landmaschinen-Übersicht 6

Landmaschinen-Sammelprospekt, eine
   Programm-Übersicht um 1935 7

Landmaschinen-Sammelprospekt, eine
   Programm-Übersicht um 1942 11

Erntemaschinen-Sammelprospekt, eine
   Programm-Übersicht um 1937 19

Heu- und Grasernte – der richtige Schneideapparat 35

Heu- und Grasernte mit dem Bulldog-
   Anbau-Mähbalken 41

Heu- und Grasernte für Pferdezug 47

Heuwender für Pferdezug 55

Schwadverteiler für den Bulldog-Anbau 57

Heurechen für Pferdezug 61

Wenderrechen für den Bulldog-Anbau 63

Getreidemäher für Pferdezug 71

Bindemäher Modell „L" für Pferdezug 75

Bindemäher Modell „H" für Pferdezug 81

Zapfwellen-Bauern-Binder für den Bulldog . . 85

Ölbad-Schlepperbinder 93

Hanf-Binder 99

Kleindreschmaschine „N 45" 107

Parzellen-Dreschmaschine „P 28" 109

Schwingschüttler-Dreschmaschinen „N 62,
   N 64" 111

Hordenschüttler-Dreschmaschine „N 85" . . . 113

Stahlrahmen-Dreschmaschine „N 27 G" 115

Groß-Dreschmaschinen 121

Klee-Dreschmaschine 127

Lanzknecht-Stahldreschmaschine 135

Groß-Stahldreschmaschine 137

Schwingkolben-Strohpressen 139

Kartoffel-Erntemaschine „Original Harder" . . 145

Ölbadroder für Pferdezug 149

Zapfwellenroder für den Bulldog 155

Ein Wort vorab

Liebe Leser,

schon seit längerer Zeit ist über den Bulldog hinaus der Ruf nach Informationen über Landmaschinen zu vernehmen. Vielen geht es dabei „nur" um eine allgemeine Information. Darum, zu erfahren, welche Technik zu welcher Zeit von Lanz geboten wurde. Doch ist zu beobachten, daß gerade in den letzten Jahren immer mehr Landmaschinen gesammelt und aufwendig restauriert werden. Hier ist in der Literatur ein sehr großer Nachholbedarf zu verzeichnen und zu befriedigen, da nur noch von wenigen Maschinen Daten und Fakten vorhanden sind. Allein schon die Farbgebung vieler dieser Maschinen gibt beispielsweise des öfteren große Rätsel auf.

Diesem Ruf folgend, wurde mit diesem Werk das erste Lanz-Landmaschinen-Prospektebuch zusammengestellt. Es umfaßt den Zeitraum von ca. 1930 bis 1945 und gibt einen Überblick über das umfangreiche Lieferprogramm der damals größten Landmaschinenfabrik auf europäischem Boden. Natürlich kann dieses Buch nur eine Auswahl wiedergeben, doch der interessierte Betrachter findet darin alle Maschinensparten der damaligen Zeit. Bei den älteren Lesern werden Erinnerungen geweckt, die jüngeren sollen einen Einblick erhalten in Techniken, die zum Teil schon seit langer Zeit aus dem landwirtschaftlichen Alltag verschwunden sind.

Genauso wird der Prospektesammler bedient. Er kann in dem vorliegenden Buch Drucksachen finden, die in heutiger Zeit auf Börsen und Treffen auch für gutes Geld bei den oft übertriebenen Preisen nicht mehr zu haben sind. Denn eines wurde in den letzten Jahren besonders deutlich: alte Landmaschinenprospekte sind noch seltener zu haben als Bulldog- oder Schlepperprospekte.

Ein besonderes Anliegen war es aber auch, mit dem vorliegenden Prospekte-Band die Gestaltung und Grafik einer längst vergangenen Zeit wiederzugeben. Deshalb wurden immer nur die schönsten Prospekte der verschiedenen Jahrgänge und Aufmachungen eines Maschinentyps ausgewählt. Eine Auswahl war auch deshalb notwendig, da von allen Maschinen viele, sich zum Teil nur wenig unterscheidende Prospektdrucke vorhanden sind.

Natürlich wurde der Bulldogfahrer und -sammler ebenfalls nicht vergessen. Er erhält beim Betrachten die richtige Vorstellung über die Einsatzmöglichkeiten seines Bulldogs in Verbindung mit solchen Landmaschinen, wurden doch viele dieser Maschinen „für den Bulldog gebaut", wie dies ein alter LANZ-Werbeslogan verkündet.

Ein besonderes Dankeschön wollen wir von dieser Stelle aus der Firma John Deere im allgemeinen und den Mitarbeitern der Abteilung „Öffentlichkeitsarbeit" im besonderen für die große Hilfe bei der Zusammenstellung des vorliegenden Buches zukommen lassen.

Darüber hinaus bedanken wir uns herzlichst bei allen, die zur Entstehung des Buches beigetragen haben.

Wir wünschen allen Lesern gute Unterhaltung und viel Freude beim Betrachten und Studieren.

Kurt Häfner und *Michael Karle*
Dezember 1997

Des Bauern beste Stütze

ist eine Qualitäts=Landmaschine, die zuverlässig arbeitet, den Anforderungen der Praxis entspricht und nach den neuesten technischen Erfahrungen gebaut wurde.

LANZ

Ölbadgrasmäher	Großdreschmaschinen
Heurechen	Mitteldreschmaschinen
Heuwender	Kleindreschmaschinen
Getreidemäher	Langstrohpressen
Leichtbinder	Ballenpressen
Normalbinder	Ackerschlepper
Schlepperbinder	Raupenschlepper
Kartoffelroder	Verkehrsschlepper

sind weltbekannt wegen ihrer Güte und des hohen Standes ihrer technischen Entwicklung. Groß ist die Zahl der Typen, geschaffen für die verschiedensten Betriebsverhältnisse. In ihnen verkörpert sich 75=jährige Erfahrung in Landmaschinentechnik und Landmaschineneinsatz.

HEINRICH **LANZ** MANNHEIM
AKTIENGESELLSCHAFT

J 1559

Zweigstellen in:
Berlin, Breslau, Hannover, Köln a. Rhein, Königsberg i. Pr., Magdeburg, München.

Lanz=Maschinen haben Weltruf!

Unter diesem Zeichen bauen und liefern wir:

Grasmäher	Garbenbinder	Langstrohpressen
Schleppergrasmäher	Ölbad=Schlepperbinder	Ballenpressen
Heuwender	Kartoffelroder	Ackerschlepper
Heurechen	Klein=Dreschmaschinen	Raupenschlepper
Ölbad=Getreidemäher	Mittel=Dreschmaschinen	Verkehrsschlepper
Leichtbinder	Groß=Dreschmaschinen	

HEINRICH LANZ MANNHEIM
Aktiengesellschaft

P D 2317

Rollenlager=Grasmäher

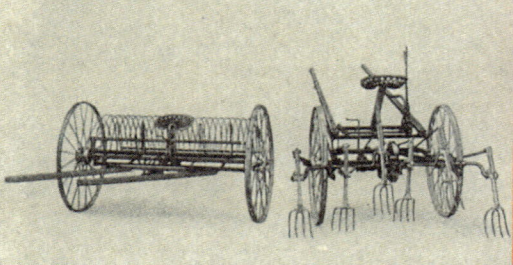
Heurechen   Heuwender

Leichtbinder

Ölbad=Schlepperbinder

Kartoffelroder „Standard D"

Kleindreschmaschine N 45

Kleindr

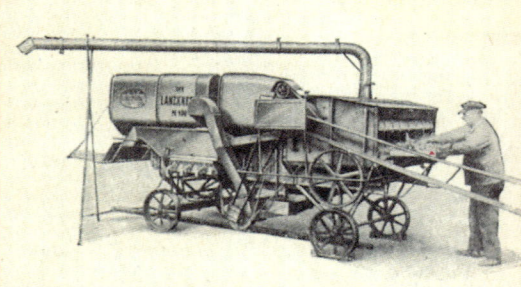
Mitteldreschmaschine N 100 Stahlbauart

Strohpresse SK 500

Ackerbulldog

Luftber

HEINRICH LA
AKTIENG

Fernsprech=Anschlüsse: 34411 ·
Drahtanschrift für die L

Zweigstellen:

Berlin W 9, Bellevuestraß
Breslau 13, Kaiser=Wilhe
Hannover=Wülfel ......
Köln=Zollstock, Höninge
Königsberg i. Pr., Philo
Magdeburg, Listemannst
München, Landsberger S

Vertretungen an allen Hau
sow

Ersatzteile überall erhältlich! Sonderdrucksachen

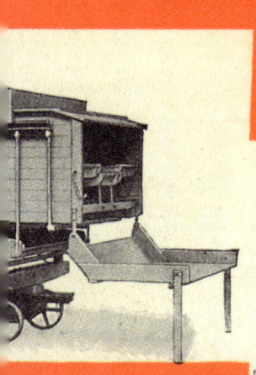

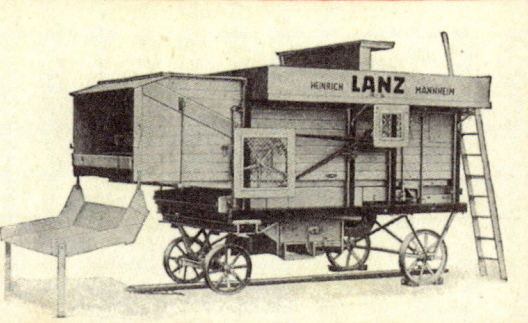

…hine N 57

Mitteldreschmaschine N 58

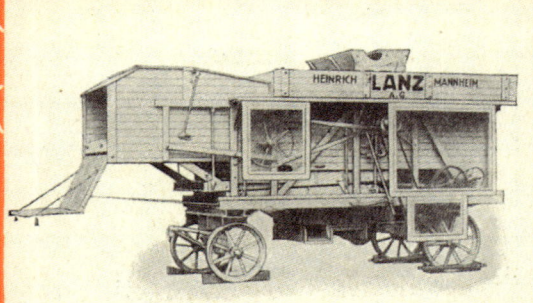

…Z MANNHEIM
…LSCHAFT

…chrift: LANZWERK MANNHEIM
…gstellen: „LANZWERK"

Fernsprechnummern:

……..	Kurfürst 9226
…e 35….	32254/55
……..	84347
…131 ….	95941/42
…mm 8–10	Pregel 41135/44189
……..	23735
……..	80451

…en des In- und Auslandes
…erſee

Mitteldreschmaschine N 85

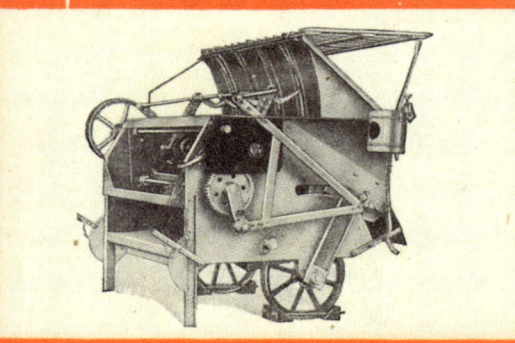

Strohpresse SK 300

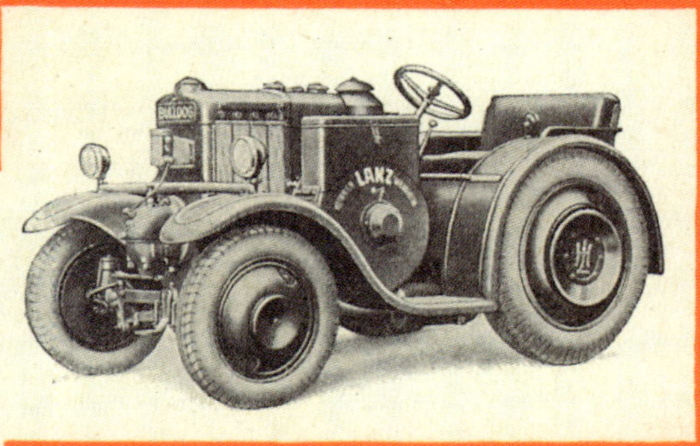

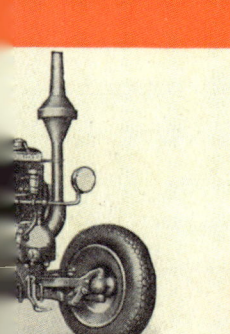

Verkehrsbulldog

…rbulldog

…ngen Sie durch Lanz-Vertretungen oder von uns!

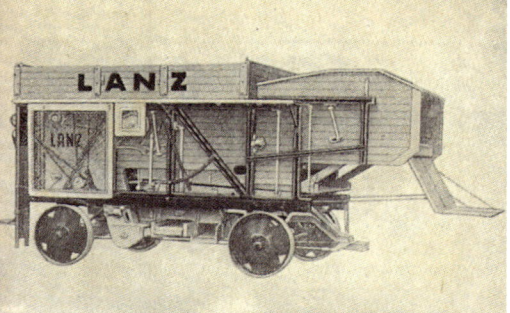

Groß-Breitdreschmaschine RK

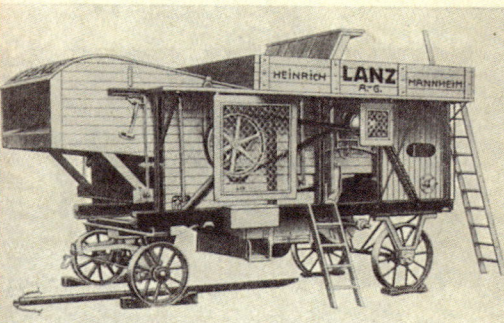

Großdreschmaschine NGH-Lanz

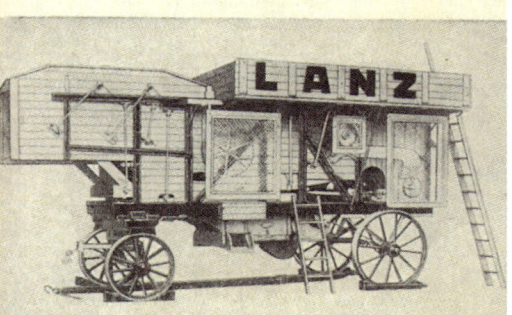

Großdreschmaschine EK

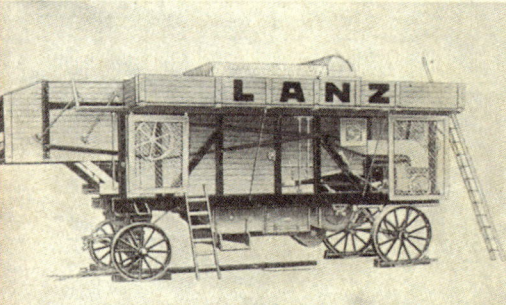

Großdreschmaschine MKDD

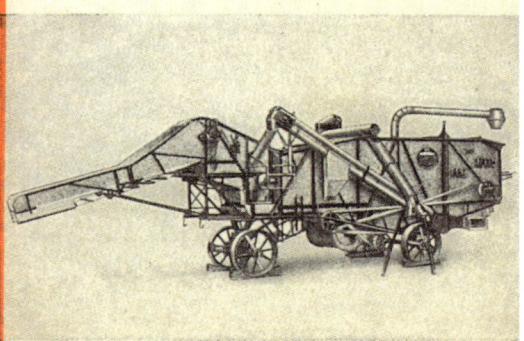

Stahl-Lanz

Abmessungen und Leistungen

ERNTEMASCHINEN

Rollenlager-Grasmäher LHR

Marke	Schnittbreite	Gewicht
Nr. 35	3½′ = 1,08 m	270 kg
Nr. 40	4′ = 1,21 m	290 kg
Nr. 45	4½′ = 1,38 m	345 kg
Nr. 50	5′ = 1,52 m	350 kg

Vollölbad-Grasmäher LVO

Marke	Schnittbreite	Gewicht
Nr. 35	3½′ = 1,08 m	290 kg
Nr. 40	4′ = 1,21 m	310 kg
Nr. 45	4½′ = 1,38 m	360 kg
Nr. 50	5′ = 1,52 m	365 kg

Ölbad-Getreidemäher

Marke	Schnittbreite	Gewicht
Nr. 45	4½′ = 1,38 m	460 kg
Nr. 50	5′ = 1,52 m	490 kg

Schleppergrasmäher

Schnittbreite	Gewicht
6′ = 1,80 m	370 kg

Heuwender

Marke	Gabeln	Arbeitsbreite	Spurweite	Gewicht	Bespannung
Nr. 5	5	1750mm	1200mm	230 kg	1 Kuh oder 1 Pferd
Nr. 6	6	2100mm	1510mm	250 kg	1 Pferd

Heurechen

Marke	Arbeitsbreite	Zinken	Gewicht
LR 28	ca. 2,00 m	28	210 kg
LR 30	ca. 2,10 m	30	215 kg
LR 36	ca. 2,10 m	36	220 kg
LR 34	ca. 2,40 m	34	225 kg
LR 38	ca. 2,70 m	38	235 kg
LS 28	ca. 2,00 m	28	220 kg
LS 30	ca. 2,10 m	30	230 kg
LS 36	ca. 2,10 m	36	235 kg

Leichtbinder Modell L

Marke	Schnittbreite	schneidet	Gewicht
4¼′	1,30 m	rechts	640 kg
5′	1,52 m	links u. rechts	650 kg

Garbenbinder Modell H

Marke	Schnittbreite	schneidet	Gewicht
5′	1,52 m	links u. rechts	730 kg
6′	1,83 m	links u. rechts	740 kg

Ölbad-Schlepperbinder

Marke	Schnittbreite	schneidet	Gewicht
7′	2,10 m	rechts u. links	1270 kg
8′	2,40 m	rechts u. links	1300 kg

DRESCHMASCHINEN

Kleindreschmaschinen

Marke	Trommel Breite	Trommel Durchm.	Schlagleisten	Leistung Körner Ztr.	Kraftbedarf PS	Gewicht kg
N 45	1700	375	6	4–6	2	800
N 56	1700	410	6	6–9	2–3	950
N 56	1800	410	6	6–9	2–3	1000
N 57	1700	410	6	9–12	3–4	1250
N 57	1800	410	6	9–12	3–4	1310
NS 80*	560	450	8 Stiftenreihen	6–9	2,5–3	700
OP 26*	660	450	8 Stiftenreihen	10–15	6–7	1250

Mitteldreschmaschinen

Marke	Breite	Durchm.	Schlagleisten	Leistung	Kraftbedarf	Gewicht
N 100*	1700	410	6	12–16	6–7	1650
N 61	1700	370	6	10–15	4–5	2050
N 62	1700	410	6	15–22	5–6	2650
N 64	1700	460	6	20–28	6–7	3050
N 58 (Siebfort.)	1700	400	6	10–15	4–5	1650
N 58 (Sortierzyl.)	1700	400	6	10–15	4–5	1730
N 58 (Sortierzyl.)	1800	400	6	10–15	4–5	1800
N 81	1700	400	6	15–22	5–6	2000
N 81	1800	400	6	15–22	5–6	2080
N 82	1700	410	6	18–25	6–7	2950
N 84	1700	460	8	22–30	8–10	3550
N 85	1700	510	8	25–35	10–12	3850

Großdreschmaschinen

Marke	Breite	Durchm.	Schlagleisten	Leistung	Kraftbedarf	Gewicht
N 27 G	1060	610	8	22–30	12–14	4150
N 27 G	1210	610	8	26–34	14–16	4300
NGH-LANZ	1700	510	8	25–35	10–12	4150
RK	1700	510	8	26–36	12–14	4400
EK 60″	1520	534	8	28–36	13–16	4900
EK 67″	1700	534	8	30–40	14–17	5100
HK 60″	1520	560	8	35–45	15–19	5300
HK 67″	1700	560	8	38–50	16–20	5600
HKDD	1700	560	8	43–55	16–20	5750
MKD	1700	610	10	55–70	22–28	6500
MKDD	1700	635	10	60–80	30–35	7700
KKW	1700	710	12	80–100	33–38	8600
DA 1*	550	565	12	30–40	20–22	3800
DA 3*	700	565	12	50–65	30–35	4450

* Stahlbauart

STROHPRESSEN

Marke	Kanal	Strohleistung (für Langstroh)	Kraftbedarf	Gewicht
SK 300	1500 × 300 mm	bis 35 Ztr.	½–1 PS	725 kg
SK 350	1500 × 310 mm	bis 40 Ztr.	1 PS	925 kg
SK 400	1500 × 310 mm	bis 45 Ztr.	1–2 PS	1450 kg
SK 500	1500 × 310 mm	bis 55 Ztr.	2 PS	1650 kg
SK 600	1500 × 340 mm	bis 80 Ztr.	2–3 PS	2000 kg
SK 1000	1500 × 340 mm	bis 150 Ztr.	3 PS	2800 kg
SKB 1000	1100 × 340 mm	bis 120 Ztr.	3–4 PS	2600 kg

Ballenpressen

Marke	Kanal	Strohleistung	Kraftbedarf	Gewicht
BPL 500	500 × 600 mm	bis 80 Ztr.	7–9 PS	4550 kg
BP 650	650 × 600 mm	bis 150 Ztr.	10–12 PS	6450 kg

Kartoffel-Erntemaschinen

Marke	Vorderwagen	Kutschersitz	Bespannung	Leistung in 10 Stunden	Ablegebreite
Typ LK 20 Ölbad-Kleinroder	ohne	mit und ohne	2 leichte Pferde	6 Morgen	etwa 1 m
Typ D Normal Modell 32	mit und ohne	mit und ohne	2 leichte Pferde	6 Morgen	etwa 1 m
Typ Standard D Ölbadmaschine	mit und ohne	mit und ohne	2 leichte Pferde	6 Morgen	etwa 1 m

SCHLEPPER

Ackerbulldog

Marke	Zughakenkraft	Fahrgeschwindigkeiten km/Std. 1. Gang	2. Gang	3. Gang	Gewicht
12/20 PS	1000 kg	3,04	4,17	5,73	2150 kg
15/30 PS	1200 kg	3,30	4,53	6,03	2720 kg
22/38 PS	1400 kg	3,16 / 3,69	4,27 / 4,98	5,70 / 6,65	3000 kg

Luftbereifter Ackerbulldog

Marke	Zughakenkraft je nach Bodenbeschaffenheit	Fahrgeschwindigkeiten km/Std.	Gewicht
12/20 PS	1000 bis 1600 kg	von 2,9 bis 15,4 (6 Gänge)	2900 kg
15/30 PS	1400 bis 1800 kg	von 3,4 bis 6,1 (3 Gänge)	3100 kg
22/38 PS	1600 bis 2300 kg	von 3,0 bis 6,2 (3 Gänge)	3250 kg

Verkehrsbulldog

Marke	Leistung im 1. Gang	Fahrgeschwindigkeiten km/Std.	Vorwärtsgänge
20 PS	22 t	2,9 bis 22	6
30 PS	30 t	4,3 bis 15,4	3
38 PS	über 30 t	3,3 bis 25	2 × 6

Kombinierter Bulldog

Marke	Leistung	Fahrgeschwindigkeiten km/Std.	Vorwärtsgänge
20 PS	22 t	2,9 bis 15	6
30 PS	30 t	4,3 bis 15,4	3
38 PS	über 30 t	3,0 bis 16	2 × 6

Druck der Spamer A.-G. in Leipzig

Im Bulldog stellt LANZ den im In- und Ausland meistgekauften deutschen Schlepper. Seine große Verbreitung stützt sich auf seine hohe Qualität, seinen günstigen Preis und einen vorbildlichen Kundendienst. Der einzigartige Erfolg des Bulldog war immer wieder Anregung, ihn weiter zu vervollkommnen. So entstanden richtungweisende Konstruktionen, wie sie in letzter Zeit z. B. der „Allzweck"-Bulldog und der 15-PS-Bauern-Bulldog verkörpern. Im Sauggas-Bulldog schließlich feiert die Kraftstoffgleichgültigkeit seines unverwüstlichen Motors derzeit einen neuen Erfolg.

LANZ
Spitzenwerk des deutschen Landmaschinen-Baues

Im Erntemaschinenbau hat LANZ die Entwicklung immer wieder durch bahnbrechende Arbeiten vorangebracht. Treffende Beispiele dafür sind der verblüffend leichtzügige Grasmäher LHR, der Vollölbad-Roder LK als verbreitetste deutsche Kartoffelerntemaschine, der in aller Welt geschätzte Ölbad-Schlepperbinder mit dem daraus entwickelten Hanfbinder und neuerdings eine Folge von Anbaugeräten zum Schlepper, die mit enormem Leistungsvermögen bei verwirklichter Einmann-Bedienung und neuartigen Konstruktionsgedanken den Beginn eines neuen Zeitabschnittes der Landtechnik anzeigen.

80 Jahre Dreschmaschinenbau schienen die Entwicklung praktisch zum Abschluß gebracht zu haben, zumal das Ziel, saubere, marktfertige Frucht, für LANZ-Dreschmaschinen zu einer selbstverständlichen Forderung geworden ist. Doch LANZ verbesserte die Handhabung und brachte eine Reihe arbeitstechnischer und betriebswirtschaftlicher Neuerungen, mit denen die schwere Drescharbeit weiter vereinfacht, erleichtert und verbilligt wurde. Systematische Forschung führte zum Stahl-LANZ, einer Bauart von hoher Vollkommenheit. Ihr Widerhall in der Praxis gab Anregung zu weiteren Entwicklungsarbeiten, wie z. B. der Mehrtrommelmaschine DA 12.

LANZ
Spitzenwerk des deutschen Landmaschinen-Baues

Dem Problem wirtschaftlicher Strohbergung hat LANZ mit den Schwingkolben-Strohpressen der Bauart SK ebenso maßgeblich zur Lösung verholfen, wie hiermit der neuzeitlichen kraft- und werkstoffsparenden Leichtbauweise in der Landtechnik ein neuer Weg gewiesen wurde. Die große Strohleistung, die saubere Preßarbeit mit tadelloser Ballenform und die große Bindesicherheit der SK-Knüpfapparate haben den LANZ-Schwingkolbenpressen mit ihrer allen Betriebsverhältnissen Rechnung tragenden Typenreihe ein weites Absatzfeld im In- und Ausland verschafft.

BULLDOG-SCHLEPPER

Leistung PS	Type	Bezeichnung	Fahrgeschwindigkeiten km/Std.	Gänge	Gewicht etwa kg
Für Betrieb mit flüssigen Kraftstoffen					
15	D 4506*	Ackerluft-Bulldog............	3,0—17,5	6	1130
20	D 3500	Bauern-Bulldog, eisenbereift..	3,7— 6,9	3	2000
	D 3506	Ackerluft-Bulldog...........	3,6—18,5	6	1900
25	D 7500	Acker-Bulldog...............	3,0— 5,9	3	2150
	D 7506	Ackerluft-Bulldog...........	3,0—15,1	6	2450
	D 7506*	„Allzweck"-Bulldog	3,2—17,7	6	2150
35	D 8500	Acker-Bulldog...............	3,4— 6,1	3	3050
	D 8506	Ackerluft-Bulldog...........	3,5—17,7	6	3550
45	D 9500	Acker-Bulldog...............	3,5— 6,2	3	3300
	D 9506	Ackerluft-Bulldog...........	3,3—16,7	6	3500
55	D 1506	Ackerluft-Bulldog...........	3,6—19,9	6	3950
55	D 1561	Bulldog-Raupe..............	2,4— 7,7	6	5000
55	D 1571	Bulldog-Raupe für Straßenbau	0,159— 7,7	12	5900
55	D 2539	Eil-Bulldog.................	4,2—28,0	5	4400
Für Betrieb mit festen Kraftstoffen					
25	D 7506-Gas**	Holzgas-Ackerluft-Bulldog....	3 —15,1	6	2925
55	D 2539-Gas**	Holzgas-Eil-Bulldog.........	4,2—28,0	5	4980

* verstellbare Spurweite — große Bodenfreiheit ermöglicht Hackfruchtpflege. ** Zweistoff.

ERNTEMASCHINEN

Bezeichnung	Type	Schnittbreite bzw. Arbeitsbreite etwa	Bespannung
Gespannbetrieb			
Rollenlager-Grasmäher ..	LHR 35	3½' = 105 cm	1 Pferd
	LHR 40	4' = 120 cm	2 Kühe oder Ochsen
	LHR 45	4½' = 135 cm	2 Pferde
Heuwender	6	210 cm	1 Pferd
Heurechen.............	LR 30	210 cm	1 Pferd
	LR 36	210 cm	1 Pferd
	LR 38	270 cm	1 Pferd
	LS 30	210 cm	1 Pferd
Gespannbinder L........	50	5' = 150 cm	2 Pferde
rechtsschneidend	60	6' = 180 cm	2 bis 3 Pferde
Vollölbad-Roder LK	LK 20	1 Ablegestern	Ein- oder Zweispänner
	LK 30	1 Ablegestern	Zweispänner
	LK 40	1 Ablegestern	Zweispänner und für Schlepperzug
Schlepperbetrieb			
Anbau-Grasmäher.......	für luftbereifte Bulldog	5' = 150 cm	15, 20, 25 PS
Anbau-Schwadverteiler...	für luftbereifte Bulldog		und 25 PS „Allzweck"-Bulldog
Bauern-Zapfwellenbinder. rechtsschneidend	SB 50	5' = 150 cm	20 und 25 PS Bulldog
Ölbad-Schlepperbinder...	60	6' = 180 cm	
links- oder rechtsschneidend	70	7' = 210 cm	
	80	8' = 240 cm	
Hanf-Schlepperbinder....	70	7' = 210 cm	
Schlepper-Roder	SR 1	einreihig	20 und 25 PS Bulldog
	SR 2	zweireihig	35, 45 und 55 PS Bulldog

DRESCHMASCHINEN

Marke	Gestellweite mm	Körnerleistung je Std. etwa kg	Hauptmaße außer Betrieb / in Betrieb Länge mm	Breite mm	Höhe mm	Kraftbedarf ohne Hilfsapparate etwa PS	Gewicht etwa kg
In Holzbauweise							
N 45	1710	250—350	3,00/3,55	2,70/2,70	2,30/2,30	2	800
N 56	1710	300—450	3,55/4,05	2,70/2,70	2,57/2,57	2—3	1150
N 57	1710	450—600	4,10/4,65	2,70/2,70	2,69/2,69	4—5	1320
P 28	570	300—450	3,00/5,20	1,30/1,65	1,95/2,15	3—4	850
N 58	1710	500—750	4,24/5,15	2,65/2,65	2,76/2,76	4—5	1730
N 81	1710	750—1100	4,60/5,40	2,65/2,95	2,90/2,90	5—6	2000
N 83	1710	1000—1400	5,27/6,27	2,59/2,90	2,69/2,93	7—8	3300
DP 12 Drescherpresse	1710	1000—1400	7,10/7,72	2,60/2,90	2,80/3,04	9—10	4800
DP 18 Drescherpresse	1710	1600—2100	7,50/8,50	2,60/3,50	2,94/3,15	16—20	6850
N 27 G 48″	1230	1600—2200	7,10/8,15	2,63/3,12	3,26/3,26	14—16	4600
N 27 G 55″	1400	2000—2600	7,10/8,15	2,80/3,29	3,26/3,26	16—20	4900
RK	1710	1300—1800	6,30/7,30	2,60/3,00	2,89/3,13	12—14	4550
HK	1710	2000—2600	6,72/7,72	2,60/3,90	3,02/3,20	16—20	5500
HKDD	1710	2250—2900	6,82/7,82	2,71/3,85	3,17/3,26	16—20	5800
MKD	1710	2750—3500	7,40/8,34	2,83/3,90	3,27/3,43	22—28	6550
KL VI Kleedrescher	1075	50—150	5,60/6,60	2,36/2,47	3,12/3,21	12—14	3700
In Stahlbauweise							
Stahl-LANZ DA 12	980	950—1450	5,16/6,61	2,11/2,11	2,60/2,80	18—20	2200
Stahl-LANZ DA 18	980	1500—2000	7,17/8,92	2,17/2,17	2,94/3,10	20—22	2950
Stahl-LANZ DA 30	1230	2750—3500	8,15/9,84	2,58/2,58	3,03/3,34	35	4700

STROHPRESSEN

Marke	Kanalbreite mm	Kanalhöhe mm	Strohleistung je Std. etwa kg	Hauptmaße außer Betrieb / in Betrieb Länge mm	Breite mm	Höhe mm	Kraftbedarf etwa PS	Gewicht etwa kg
Schwingkolbenpressen mit Garnbindung								
SKD 250	850	300	bis 1000	2,15/1,95	1,70/1,70	1,76/2,00	1/2—1	480
SKA 250	1300	300	bis 1250	2,15/1,95	2,28/2,28	1,76/2,00	1/2—1	600
SK 300	1500	300	bis 1750	2,20/2,00	2,45/2,45	1,95/2,10	1/2—1	840
SK 300 mit Vorderwagen	1500	300	bis 1750	2,20/2,00	2,45/2,45	1,95/2,10	1/2—1	895
SK 350	1500	320	bis 2000	2,20/2,10	2,55/2,55	1,95/2,25	1	985
SKD 350	850	310	bis 1700	3,06/2,52	2,05/2,05	2,31/2,65	1	855
SK 400	1500	310	bis 2500	2,45/2,20	2,80/2,80	2,05/2,42	1—2	1450
SK 500	1500	310	bis 3000	2,48/2,37	2,94/2,94	2,15/2,52	2	1650
SKD 500	850	310	bis 2800	3,12/2,25	2,18/2,18	2,45/2,71	2	1350
SK 600	1500	340	bis 4500	2,90/2,50	2,98/2,98	2,43/2,80	2—3	2000
SK 1000	1500	340	bis 7500	2,97/2,50	3,04/3,04	2,63/3,00	3—4	2725
SKB 1000	1100	340	bis 6000	4,00/2,50	2,45/2,45	2,60/3,00	3—4	2600
Ballenpressen mit Drahtbindung								
BPL 500	500	600	bis 4000	7,30/8,55	2,90/2,90	3,10/3,25	7—9*	4960
BP 650	650	600	bis 7500	8,40/9,75	3,00/3,00	3,45/3,45	10—12*	6450

* bei Zusammenarbeit mit Dreschmaschinen

LANZ

In den Werken Mannheim, Zweibrücken und Wien verfügt LANZ der Größe und Bedeutung seiner Produktion entsprechend über Fertigungseinrichtungen, die von allen Besuchern als vorbildlich bezeichnet werden. LANZ besitzt nicht nur eigene Gießereien, eigene Schmieden, sondern hat mit seinem hochwertigen Werkzeugmaschinenpark und seinen Fertigungsanlagen auf sämtlichen Gebieten der Fabrikation Einrichtungen geschaffen, wie sie ähnlich nur in den allerfortschrittlichsten Werken Deutschlands und der übrigen Welt zu finden sind. Neben großen Versuchsabteilungen besitzen diese Werke auch ein eigenes metallurgisches Institut, eigene chemische und physikalische Laboratorien sowie Forschungsstellen für neuzeitliche Fertigungsvorgänge. Der technischen Fachwelt hat LANZ schon manchen bedeutenden Mann gegeben. Erinnert sei an Namen wie Dr.-Ing. Huber, dem als Pionier des Glühkopfmotors und Schöpfer des LANZ-Bulldog anläßlich seines 25jährigen Arbeitsjubiläums die Würde eines Dr. h. c. von der Universität Halle verliehen wurde; ferner an Dr. Sipp, der wegen seiner unvergänglichen Verdienste um die Entwicklung des Perlitgusses die Würde eines Ehrensenators der technischen Hochschule Karlsruhe erhielt u. a. Immer hat LANZ sein ganzes Können eingesetzt, um dem Bauern immer bessere, immer preisgünstigere Maschinen in die Hand zu geben.

HEINRICH LANZ MANNHEIM
AKTIENGESELLSCHAFT

Fernruf 34411 · Drahtanschrift: Lanzwerk Mannheim · Drahtanschrift für die Lanz-Zweigstellen: „Lanzwerk"

Zweigstellen:	Fernruf:
Berlin-Charlottenburg 2, Uhlandstr. 11, Ecke Kantstr.	31 81 55
Breslau 13, Straße der SA. 35	38 21
Hannover-Wülfel, Brabrink 4	84 47
Köln-Ehrenfeld, Oskar-Jäger-Straße 143	50 841/42

Zweigstellen:	Fernruf:
Königsberg i. P., Bahnhofwallstraße	Pregel 411 35
Magdeburg, Listemannstraße 17	223 41
München-Laim, Landsberger Straße 328	804 51
Posen-Luisenhain	2678 u. 2679

Wien XXI, Shuttleworthstraße 8, Fernruf A 610 60 und A 605 70

AW 3804 febdo

L/0602

Schafft hochwertiges

Für die Erfüllung dieser Forderung sind der Einsatz von Grasmäher, Heuwender und Heurechen selbstverständliche Voraussetzungen. Der Grasmäher ermöglicht raschen und sauberen Grasschnitt, der Heuwender sorgt für rasche Trocknung, und der Heurechen sichert schnelle und verlustfreie Heuernte. Zweckmäßig im Aufbau, hochwertig in der Ausführung sind

LANZ Heuernte-Maschinen

LANZ Rollenlager-Grasmäher LHR

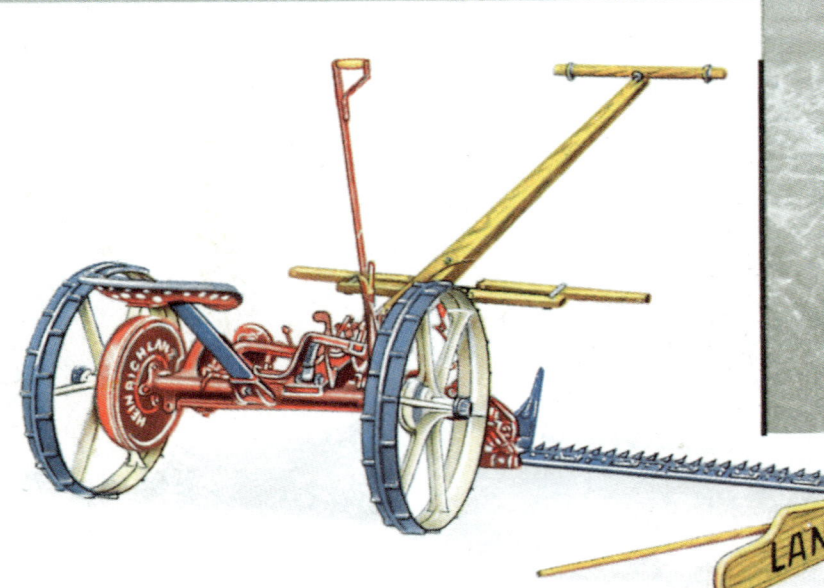

Größe Nr.	Schnittbreite etwa cm	Bespannung
35	105 = 3¼′	1 Pferd
40	120 = 4′	2 Kühe o. Ochsen
45	135 = 4½′	2 Pferde
50	150 = 5′	2 Pferde

E 6137

LANZ Vollölbad-Grasmäher LVO

Größe Nr.	Spurweite cm	Schnittbreite cm	Bespannung
40	108	121 = 4′	2 Kühe o. Ochsen
45	117	138 = 4½′	2 Pferde
50	117	150 = 5′	2 Pferde

LANZ Bulldog-Anbau-Mähbalken

Arbeitsbreite 150 cm = 5'

für Bulldog mit Ackerluftbereifung

20 PS und 25 PS

LANZ Heuwender

Gr. Nr.	Ga-beln	Arbeits-breite cm	Spur-weite cm	Bespannung
6	6	210	151	1 Pferd

LANZ Heurechen

Marke	Zinken Rund-stahl	Zinken T-Profil	Tei-lung cm	Spur-weite cm	Arbeits-breite etwa cm
LR 28	28	—	7,2	225	200
LR 30	30	—	7,2	240	210
LR 36	36	—	6,0	240	210
LR 34	34	—	7,2	270	240
LR 38	38	—	7,2	300	270
LS 28	—	28	7,2	225	200
LS 30	—	30	7,2	240	210
LS 36	—	36	6,0	240	210

Sorgt für schnelle

LANZ Leichtzugbinder Modell L

Größe Nr.	Schnittbreite etwa cm	schneidet
50	150 = 5′	rechts oder links

LANZ Gespannbinder Modell H

Größe Nr.	Schnittbreite etwa cm	schneidet
50	150 = 5′	rechts oder links
60	180 = 6′	rechts oder links

LANZ Oelbad-Getreidemäher

Größe Nr.	Schnittbreite cm
45	138 = 4$^1/_2$′
50	152 = 5′

Getreide-Ernte

Der Bindereinsatz ist eine Notwendigkeit, denn die Sicherung der Ernte ist nicht nur für den Bauern selbst, sondern für das Volksganze von ungeheurer Bedeutung. Besonders bei Lagergetreide ist der Binder geradezu unentbehrlich. Er bringt:

Beschleunigung der Ernte, dadurch:

Sicherung des Erntegutes und

Verringerung des Ernterisikos,

Minderung der Körnerverluste, also:

Steigerung der Erntemenge,

Senkung der Erntekosten,

Erleichterung der Arbeit und

Entlastung der Arbeitskräfte

LANZ Schlepperbinder

Größe Nr.	Schnittbreite etwa cm	schneidet
50	150 = 5′	links

Ölbad-Schlepperbinder

| 70 | 210 = 7′ | links |
| 80 | 240 = 8′ | links |

Erleichtert Euch die
Kartoffel-Ernte

Die Kartoffelernte bringt eine erhebliche Arbeitsspitze mit sich und bei Mangel an Arbeitskräften auch die Sorge um ihre rechtzeitige Bergung. Regen und frühe Fröste verlangen Beschleunigung der Ernte, deren Vereinfachung und Erleichterung nur durch sachgemäßen Maschineneinsatz erreicht werden kann. Bewährte, wirksame Helfer sind dabei

LANZ Vollölbad-Roder

LK 20

Rad-Durchm. ... cm	80
Ablegestern Durchmesser cm	90
Anzahl der Gabeln	8
Scharbreite .... cm	55
Spurbreite ..... cm	70–80
Gewicht ... etwa kg	225

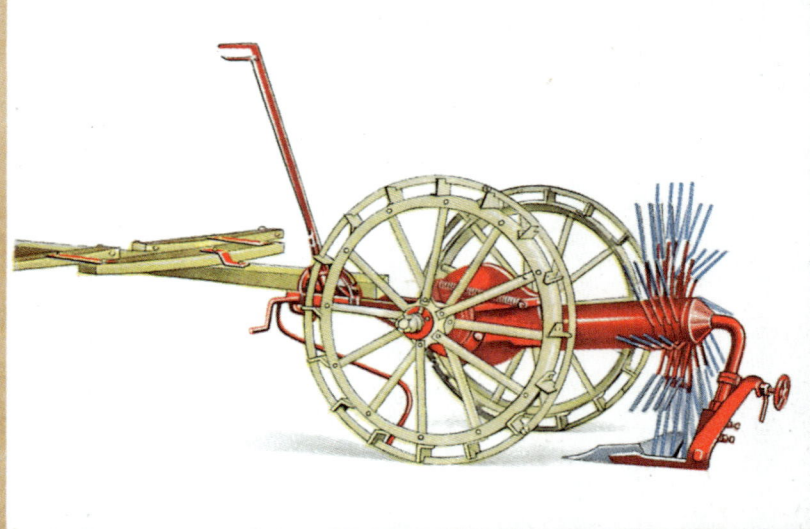

LK 30

Rad-Durchmesser cm	90
Ablegestern Durchmesser... cm	100
Anzahl der Gabeln .	12
Scharbreite...... cm	60
Spurbreite ...... cm	80-90
Gewicht .... etwa kg	265
mit Vorderwagen größte Spurweite cm	140
Gewicht .... etwa kg	320

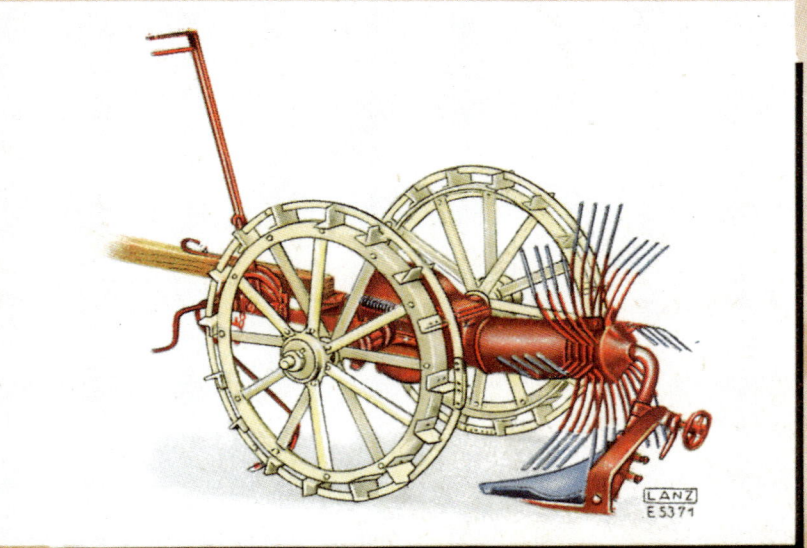

LK 40

Rad-Durchmesser cm	100
Ablegestern Durchmesser... cm	100
Anzahl der Gabeln .	12
Scharbreite...... cm	60
Spurbreite ...... cm	80-140
Gewicht .... etwa kg	340
mit Vorderwagen größte Spurweite cm	140
Gewicht .... etwa kg	400

Zapfwellen-Roder SR 2

Reihenzahl	2
Spurweite .... cm	135
Gewicht.....etwa kg	800

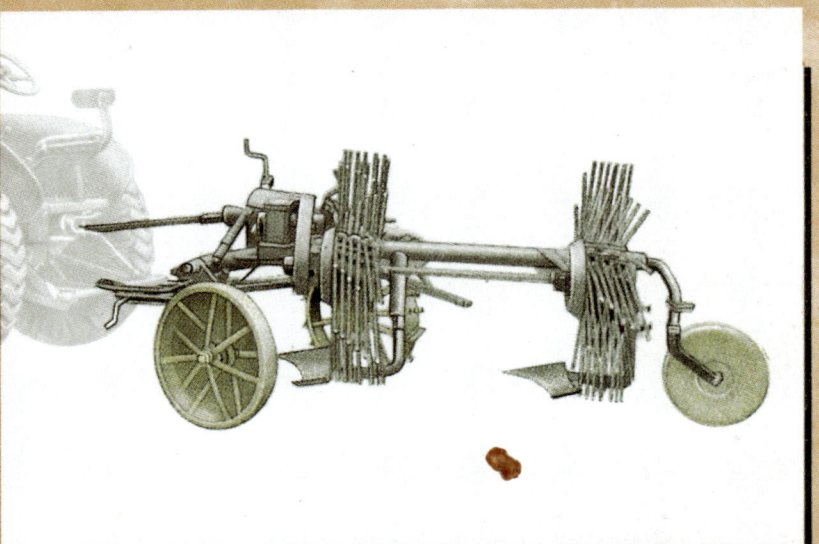

Es ist Ihr Vorteil, über die Maschinen im Bilde zu sein, die in der Praxis sich besonders bewähren und ihrer Qualität und Preiswürdigkeit wegen mehr und mehr verwendet werden. Lassen Sie sich deshalb die Sonderprospekte über die einzelnen

LANZ
Gutsmaschinen

kommen.

HEINRICH LANZ MANNHEIM
AKTIENGESELLSCHAFT

Fernruf: 34411 · Drahtanschrift: Lanzwerk Mannheim · Drahtanschrift für die Lanz-Zweigstellen: "Lanzwerk"

Zweigstellen: Fernruf:
Berlin W 9, Bellevuestraße 10 . . 21 92 26
Breslau 13, Kaiser-Wilhelm-Str. 35, Sammel-Nr. 382 21
Hannover-Wülfel, Brabrink 4 . . . 843 47

Köln-Zollstock, Höningerweg 115/35   959 41/42
Königsberg i. Pr., Bahnhofswallstr. . .   Pregel 411 45
Magdeburg, Listemannstr. 17 . . . .   22 341
München-Laim, Landsberger Str. 328   Münch. 804 51

EW 2744
matsi

Schafft hochwertiges

Für die Erfüllung dieser Forderung ist der Einsatz von Grasmäher, Heuwender und Heurechen eine selbstverständliche Voraussetzung. Der Grasmäher ermöglicht raschen und sauberen Grasschnitt, der Heuwender sorgt für rasche Trocknung, und der Heurechen sichert schnelle und verlustfreie Heuernte. Zweckmäßig im Aufbau, hochwertig in der Ausführung sind

LANZ Heuernte-Maschinen

LANZ Rollenlager-Grasmäher LHR

Größe Nr.	Schnittbreite etwa cm	Bespannung
35	105 = 3½'	1 Pferd
40	120 = 4'	2 Kühe od. Ochsen
45	135 = 4½'	2 Pferde

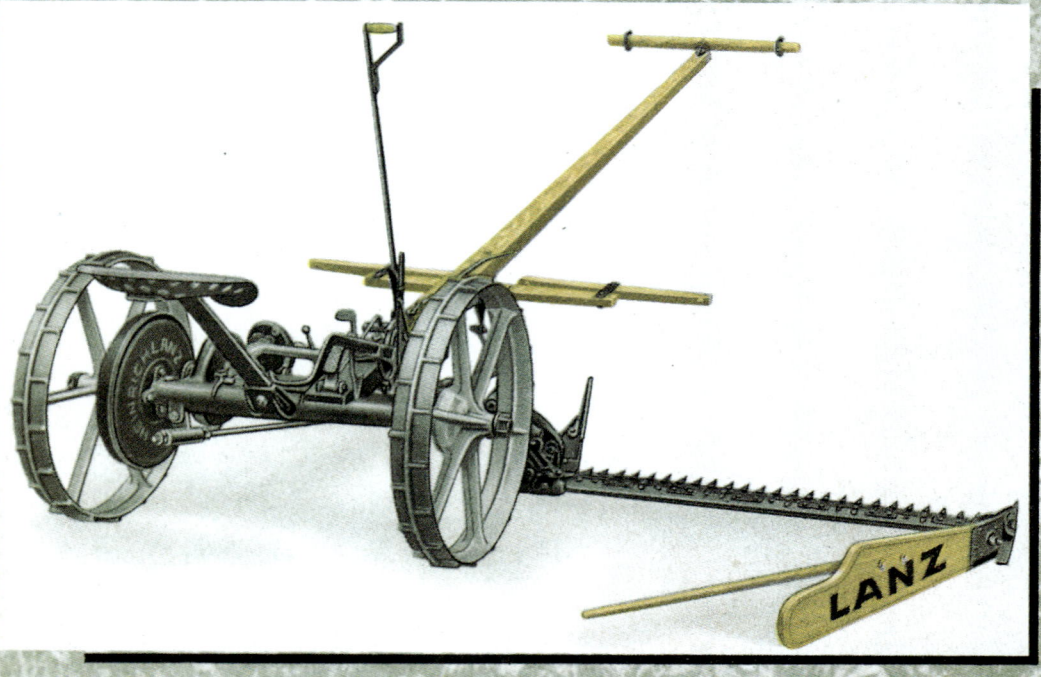

Heu!

LANZ Bulldog-Anbau-Grasmäher

Arbeitsbreite 150 cm = 5′
für Bulldog mit Ackerluftbereifung

LANZ Heuwender

Gr. Nr.	Ga-beln	Arbeits-breite cm	Spur-weite cm	Bespannung
6	6	210	151	1 Pferd

LANZ Heurechen

Marke	Zinken Rund-stahl	T-Profil	Tei-lung cm	Spur-weite cm	Arbeits-breite etwa cm
LR 28	28	—	7,2	225	200
LR 30	30	—	7,2	240	210
LR 36	36	—	6,0	240	210
LR 34	34	—	7,2	270	240
LR 38	38	—	7,2	300	270
LS 28	—	28	7,2	225	200
LS 30	—	30	7,2	240	210
LS 36	—	36	6,0	240	210

Sorgt für schnelle

LANZ
Leichtzugbinder Modell L

Größe Nr.	Schnittbreite etwa cm	schneidet
50	150 = 5'	rechts oder links
60	180 = 6'	

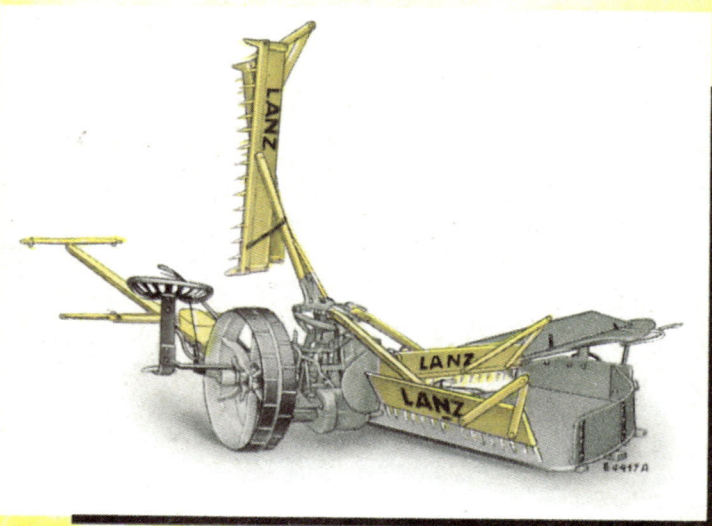

LANZ Ölbad-Getreidemäher

Größe Nr.	Schnittbreite etwa cm
45	135 = 4½'
50	150 = 5'

LANZ
Hanf-Schlepperbinder

Größe Nr.	Schnittbreite etwa cm	schneidet
70	210 = 7'	links

4

Getreide-Ernte!

Der Bindereinsatz ist eine Notwendigkeit, denn die Sicherung der Ernte ist nicht nur für den Bauern selbst, sondern für das ganze Land von ungeheurer Bedeutung. Besonders bei Lagergetreide ist der Binder geradezu unentbehrlich. **Der Binder**

beschleunigt die Ernte,
sichert das Erntegut,
verringert das Ernterisiko,
vermindert die Körnerverluste,

steigert die Erntemenge,
senkt die Erntekosten,
erleichtert die Arbeit,
entlastet die Arbeitskräfte

LANZ 5' Bauern-Zapfwellenbinder SB 50

Größe Nr.	Schnittbreite etwa cm	schneidet
50	150 = 5'	rechts oder links

LANZ Ölbad-Schlepperbinder

Größe Nr.	Schnittbreite etwa cm	schneidet
60	180 = 6'	rechts
70	210 = 7'	oder
80	240 = 8'	links

Erleichtert Euch die

Die Kartoffelernte bringt eine erhebliche Arbeitsspitze mit sich und gleichzeitig auch die Sorge um ihre rechtzeitige Bergung. Regen und frühe Fröste verlangen Beschleunigung der Ernte, deren Vereinfachung und Erleichterung nur durch richtigen sachgemäßen Maschineneinsatz erreicht werden kann. Bewährte, wirksame Helfer dabei sind

LANZ-Kartoffelroder

LANZ Zapfwellen-Roder SR 1

LANZ Zapfwellen-Roder SR 2

Reihenzahl	2
Spurweite .... cm	135

Kartoffel-Ernte!

LANZ
Vollölbad-Roder
LK 20

Rad-Durchmesser cm	80
Ablegestern Durchmesser .. cm	90
Anzahl der Gabeln	8
Scharbreite ..... cm	55
Spurbreite ...... cm	70–80

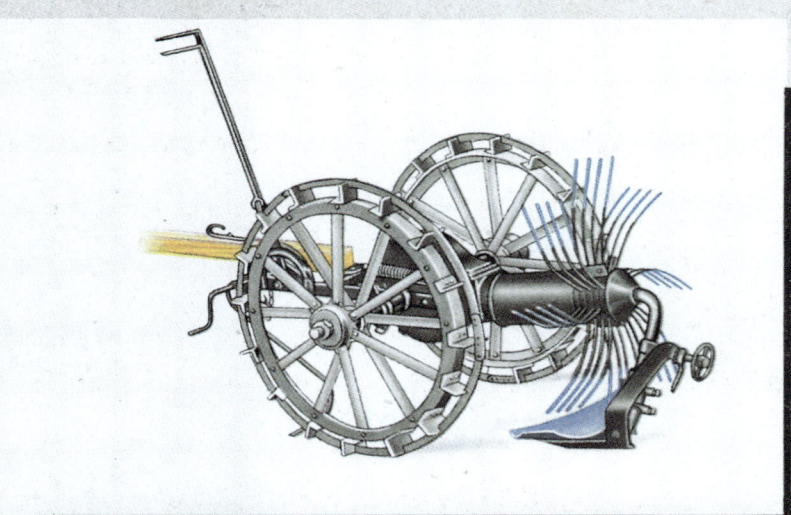

LK 30

Rad-Durchmesser cm	90
Ablegestern Durchmesser .. cm	100
Anzahl der Gabeln	10
Scharbreite ..... cm	60
Spurbreite ...... cm	80–90
mit Vorderwagen größte Spurweite cm	140

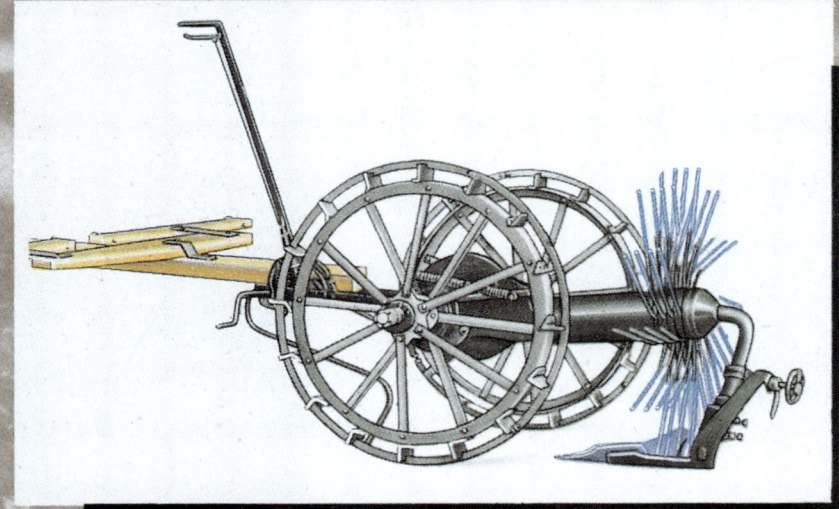

LK 40

Rad-Durchmesser cm	100
Ablegestern Durchmesser .. cm	100
Anzahl der Gabeln	12
Scharbreite ..... cm	60
Spurbreite ...... cm	80–140
mit Vorderwagen größte Spurweite cm	140

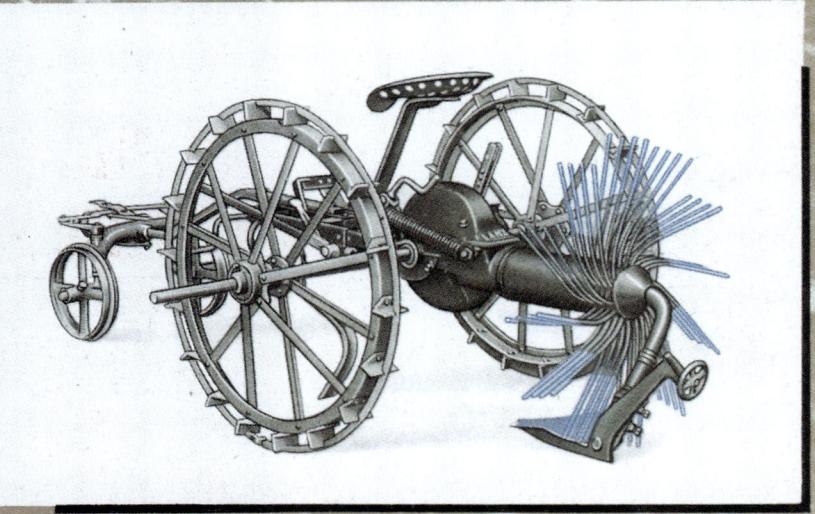

7

LANZ-Erntemaschinen entsprechen allen Anforderungen, denn sie sind in enger Zusammenarbeit mit dem praktischen Landwirt entwickelt worden. Die LANZ-Konstrukteure sind stets darauf bedacht, die schwere Arbeit des Bauern leichter und wirksamer zu machen. Deshalb beschränkt sich LANZ auch nicht auf das Übliche, sondern führt ganz systematisch die technisch-wissenschaftliche Erforschung aller einzelnen Arbeitsvorgänge durch, mit dem Ziel:

LANZ
Erntemaschinen

- Grasmäher
- Heuwender
- Heurechen
- Getreidemäher
- Gespannbinder
- Schlepperbinder
- Kartoffelroder

immer vollkommener, immer besser!

Zweckmäßig im Aufbau, hochwertig in der Ausführung, wurden sie so Maschinen, wie sie der Bauer braucht. Mit ihren ausgezeichneten Arbeitsergebnissen, ihrer großen Betriebssicherheit, langen Lebensdauer sind LANZ-Erntemaschinen

wirklich nutzbringende Helfer!

HEINRICH LANZ MANNHEIM A.-G.

EWE 3644 d jylir   *Juli 1940*   M 0847
JD

Das Kernstück des Grasmähers ist der

Schneide-Apparat
LANZ

PD 2286

Die Wahl

des richtigen Schneideapparates ist ausschlaggebend für die Güte der Arbeit eines Grasmähers

Als Motto für den Schneideapparatbau haben wir uns gesetzt:

Höchste Materialgüte und erstklassige Verarbeitung!

Aus diesem Grunde haben wir nicht nur der konstruktiven Ausbildung unserer Schneideapparate die größte Sorgfalt gewidmet, sondern auch insbesondere der Materialbehandlung. Wir wissen, wir können einen Hochleistungsbalken nur erzielen, wenn Auswahl und Behandlung auf gleich hoher Stufe stehen; in unseren Werkstätten werden auf dieser Grundlage von gewissenhaften Facharbeitern Apparate geschaffen, die den höchsten Anforderungen in jeder Beziehung gerecht werden.

Selbstverständlich finden in den Lanz-Schneideapparaten **nur hochwertige Stähle** Verwendung, die außerdem durch unsere Materialprüfungsabteilung bei Eingang im Werk scharf kontrolliert werden. Die **Stahlfinger** der Apparate sind **im Gesenk geschmiedet, glattgeschliffen** und mit hauchdünnem Lacküberzug versehen. Alle Finger besitzen **auswechselbare Fingerplättchen,** nach Wahl glatt oder gerippt. Die Fingerplättchen sind auf das Sorgfältigste **gehärtet**.

Beste Konstruktion, Materialgüte und Verarbeitung von Messer und Schneideapparat nützen aber nichts, wenn der zur Verwendung kommende Schneideapparat nicht sachgemäß den jeweils vorliegenden Wiesenverhältnissen angepaßt ist.

Es wäre ein Unding, mit <u>einem</u> Apparatetyp alle Grasarten unter allen Bodenverhältnissen schneiden zu wollen. Wir stellen Ihnen daher für den Einsatz unter den verschiedenen Gras- und Bodenverhältnissen

4 Apparate-Typen zur Auswahl.

Es gibt keine Wiesenart, der nicht einer dieser 4 Lanz-Schneideapparate gerecht wird. Vergewissern Sie sich vorher, auf welchen Wiesen der Grasmäher eingesetzt werden soll. An Hand der nachstehenden Uebersicht werden Sie dann den **richtigen Schneidbalken** auswählen können.

Vor Bestellung des Grasmähers ist also zu prüfen . . .

Welcher Schneideapparat

1. Bei normalen Graswuchs- und Bodenverhältnissen,

wo auf normale Schnitthöhe Wert gelegt wird

Der LANZ-Normalapparat!

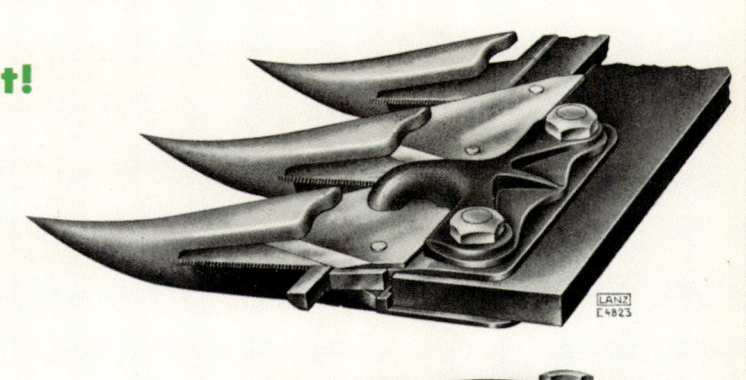

Dieser besitzt **kräftige, weitgestellte Stahlfinger,** die dem rauhesten Betrieb trotzen. Der Normal-Apparat leistet auch besonders gute Dienste an Maschinen, die in Verbindung mit Anhaublech oder Handablage im **Getreideschnitt** Verwendung finden.

3. Bei dichtem und nassem Grasstand, moosigen und sumpfigen Wiesen

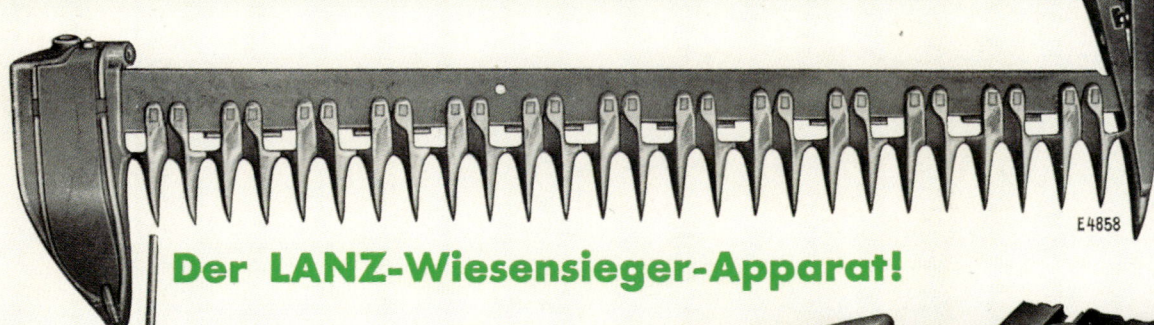

Der LANZ-Wiesensieger-Apparat!

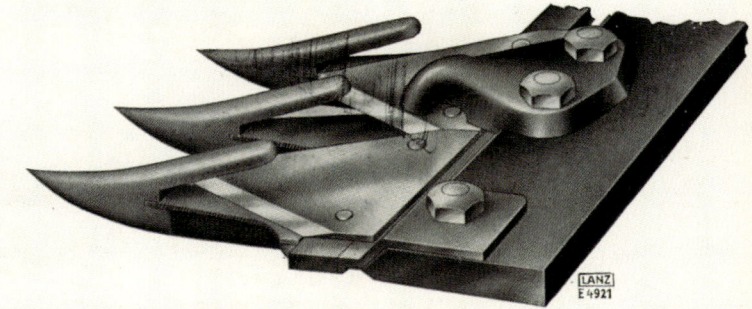

Die **Anschraubenden** der Stahlfinger dieses Apparates sind nicht gleichmäßig auf den Schneideapparat verteilt, sondern **in Paaren angeordnet.** Hierdurch entstehen zwischen den einzelnen Anschraubendenpaaren an der Unterseite des Schneidebalkens **größere Zwischenräume,** in denen **das Messer durch die Grasstoppeln gesäubert** wird. Hierdurch **reinigt** sich der **Apparat** auch in **nassen Wiesen von selbst** und ein Festkeilen des Messers kann auch unter diesen ungünstigen Verhältnissen nicht vorkommen. Ein Mitnehmen von abgestorbenem Gras und Moos aus dem Untergrund wird durch die Aufwärtskrümmung der Finger verhindert.

EINER VON DIESEN VIER

paßt bestimmt für Ihre Gras- und Bodenverhältnisse. Für all

muss eingesetzt werden?

2. *Auf Wiesen, die mit zähen, feinen Gräsern bewachsen sind*

(aber nicht auf sumpfigen Wiesen), auf denen ein etwas kürzerer Schnitt verlangt wird

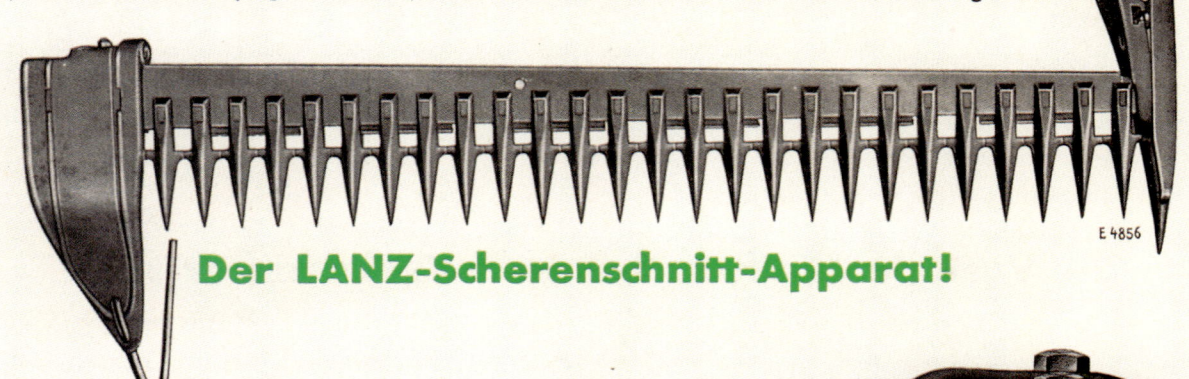

Der LANZ-Scherenschnitt-Apparat!

Die Stahlfinger sind **niedrig und schlank.** Sie besitzen **unten** einen **keilförmigen Querschnitt,** durch den eine tiefe Auflage des Apparates mit niedrigem Schnitt erzielt wird. Ein Einziehen dünner Grashalme ist bei diesem Apparat ausgeschlossen. Der Lanz-Scherenschnittapparat eignet sich auch zum Getreidemähen.

4. *Bei spärlichem u. zweitem Schnitt (Grümmet oder Oehmd)*

Der LANZ-Tiefschnitt- oder Doppelfinger-Apparat!

Vorbedingung für einwandfreie Arbeit ist jedoch **trockener, fester Boden.** Der Tiefschnittapparat besitzt Stahlfingerpaare von **geringer Höhe,** die auswechselbare Fingerplättchen besitzen. Mit diesem Apparat erzielt man einen **besonders kahlen und tiefen Schnitt,** kann also das Letzte von den Wiesen herunterholen.

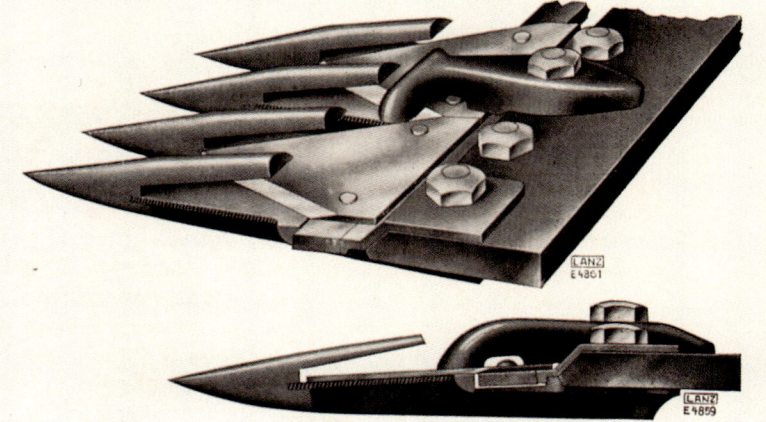

LANZ-SCHNEIDE-APPARATEN

e Schneideapparate brauchen Sie aber nur das <u>eine</u> <u>Einheitsmesser</u>!

Trotzdem wir für jede Wiesenart einen Apparatetyp haben, findet in allen diesen Schneideapparaten nur ein Messer Anwendung:

Das LANZ-Einheitsmesser

Durch bewußte Schaffung dieser **einen** Messerform haben wir unser Teil zur Normung beigetragen. Für alle Apparatetypen brauchen Sie also nur **einen** Messerkopf, **eine** Klingenart, **eine** Messerrückenform.

Die Vorteile für Händler und Verbraucher sind:

Austauschbarkeit, Vereinfachung in der Ersatzteillagerhaltung,

Möglichkeit der Verwendung höchstwertigen, immer gleichbleibenden Materials und

Gewähr einer sorgfältigen Arbeit von größter Gleichmäßigkeit und Hochwertigkeit.

Das Lanz-Einheitsmesser ist ein Messer höchster Materialgüte und immer gleicherstklassiger Verarbeitung. Sie haben in diesem Messer die Gewähr für tadelloses Passen und gleichbleibend guten Schnitt auf Jahre hinaus, mit anderen Worten: Sie haben die unbedingte Gewähr für

Leistungsfähigkeit u. Dauerhaftigkeit unserer Messer.

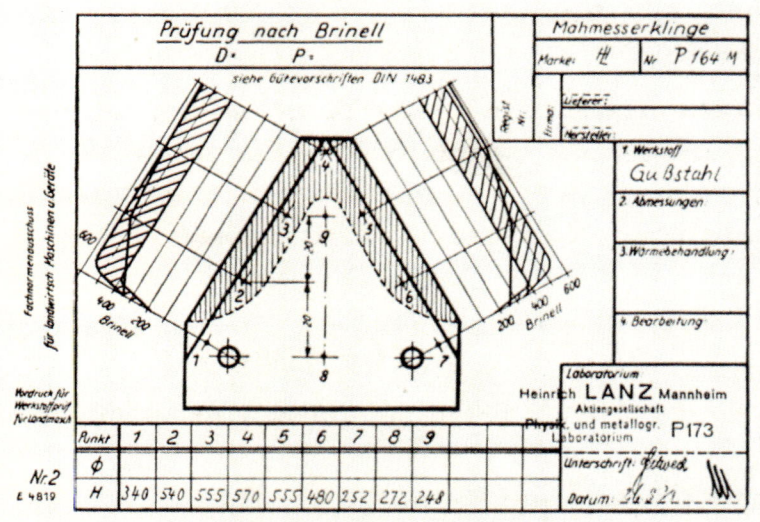

Bei **Herstellung unserer Klingen** haben wir die Normenvorschriften zu Grunde gelegt. Wir verwenden einen ganz besonders **hochwertigen Werkstoff**, nämlich **Tiegelgußstahl**. Das nebenstehende Prüfungsblatt zeigt den **vorbildlichen Härteverlauf**, den wir bei unseren Stahlmesserklingen erzielen. Obendrein ist die **Spitze** unserer Stahlmesser mit 14 mm **sehr breit** gehalten, eine weitere Gewähr für lange Lebensdauer, auch bei häufigem Schleifen.

Das sind die Punkte – die Sie beim Kauf von Messern und Messerklingen beachten müssen!

Genaues Passen und exakte Zusammenarbeit zwischen Messer und Schneideapparat ergeben Leichtzügigkeit und sauberen Schnitt, sie sind für die Arbeit des Grasmähers von entscheidender Bedeutung.

Unsere Schneideapparate haben über die Schnittbreite verteilte, gehärtete, plan gerichtete und geschliffene Stahlreibeplatten (**1**). Sie geben im Verein mit dem Druckdaumen (**3**) dem Messer eine sichere Führung und tadellose Klingenauflage auf den Fingerplättchen (**5**). Die schräge Ablauffläche (**2**) an der Reibeplatte unterstützt die Selbstreinigung des Schneideapparates.

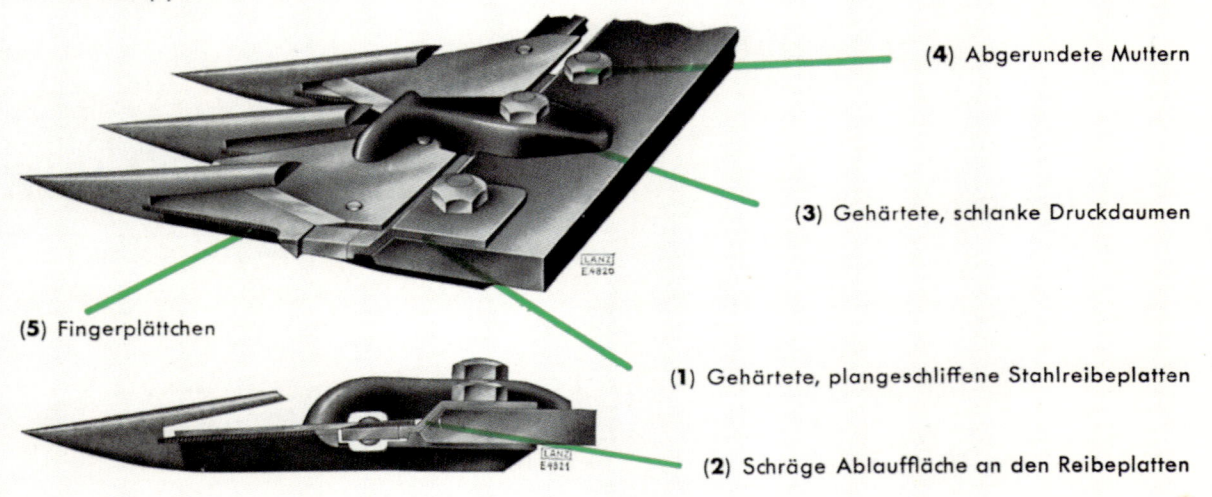

(**4**) Abgerundete Muttern

(**3**) Gehärtete, schlanke Druckdaumen

(**5**) Fingerplättchen

(**1**) Gehärtete, plangeschliffene Stahlreibeplatten

(**2**) Schräge Ablauffläche an den Reibeplatten

Unsere Druckdaumen (**3**) sind an ihrer Reibefläche ebenfalls gehärtet, flach und schlank gehalten und mit Schrauben befestigt, deren Muttern (**4**) niedrig und oben abgerundet sind. Sie wissen selbst, wie störend das Hängenbleiben von Gras auf den Unebenheiten der Messerbalken ist. Die glatte Oberfläche unserer Apparate gewährleistet ein leichtes Hinweggleiten des Grases über den Apparat und vermeidet Stauungen.

Der Erfolg dieser zweckmäßigen Konstruktion ist

spielend leichter Schnitt,

geringste Reibung und

kleiner Kraftverbrauch.

Bei der Wahl des passenden Apparat-Typs wird jeder unserer vorzüglich gearbeiteten Schneideapparate tadellose, störungsfreie Mäharbeit leisten.

Überlegen Sie sich vor dem Kauf, welcher von den vier Apparatetypen in Frage kommt!

HEINRICH LANZ MANNHEIM
AKTIENGESELLSCHAFT

LANZ

Bulldog-Anbau-Mähbalken

Der starke Helfer für große Wiesenflächen

Der Grasschnitt ist eine betriebswirtschaftlich besonders unangenehme Arbeitsspitze, vor allem bei großen Wiesenflächen und dann, wenn zu gleicher Zeit noch Arbeiten für die Saaten- und Hackfruchtpflege zu verrichten sind, die großen Bedarf an Zugkräften erfordern. Bei Mangel an Gespannen aber ist eine zeitgerechte Bewältigung aller dieser Arbeiten in Frage gestellt. Entlastung der Gespanne von der anstrengenden Måharbeit,

leichte und die Qualität des Heues fördernde rechtzeitige Erledigung des Grasschnittes bringt der

LANZ
Bulldog-Anbau-Mähbalken

Große Leistung
Saubere Mäharbeit

Mühelos können **täglich 10 ha** abgemäht werden. Aus dieser großen Leistungsfähigkeit des Anbau-Mähbalkens ergibt sich für kleinere und mittlere Wirtschaften der Vorteil, daß die Fläche, die mit den vorhandenen Arbeitskräften weiter bearbeitet werden kann, schon in den frühen Morgenstunden mit Leichtigkeit abzumähen ist und bereits beim Einsetzen der heißen Tagesstunden das Gras schnell zu trocknen anfängt, also in kürzerer Zeit einfuhrreif ist.

Überdies wird die **Heuerntemenge gesteigert,** da der Bulldog mit Anbau-Mähbalken **vorbildliche Mäharbeit** leistet; kann doch bei gleichbleibender Messergeschwindigkeit sein Vorwärtsgang den Mähverhältnissen angepaßt werden. Wie ist es beim Mähen mit Pferden? An schwer zu mähenden Stellen lassen die Pferde nach, und damit sinkt die Messergeschwindigkeit: die Mäharbeit wird unsauber. Beim Mähen mit **Anbau-Mähbalken** wird zwar an solchen Stellen auch langsamer als normal gefahren, aber man mäht bei **gleichbleibender Messergeschwindigkeit** tadellos sauber und gewinnt den letzten Grashalm.

Hohe Betriebssicherheit

Man mäht auch **betriebssicherer mit dem Anbau-Mähbalken** als mit Pferde-Grasmäher. Beim Anbau-Mähbalken findet der Antrieb mit **Keilriemen,** nicht mit starrer Zahnradübertragung wie beim Gespann-Grasmäher statt. Gelangt ein Hindernis in den Mähapparat, so wirkt der elastische **Keilriemen** als **Sicherheitskupplung.** Das Messer bleibt stehen.

Überdies kann der Anbau-Mähbalken bei kleineren Hindernissen **mit einem Hebelzug in Putzstellung** gehoben werden. Zum Umfahren von Hindernissen wird der Mähbalken in eine **weitere Zwischenstellung** oder in die **Senkrechtstellung** gebracht, so daß auch Grasflächen unter Bäumen z. B. ohne Schwierigkeiten gemäht werden können.

44

Mit hochgestellten Balken fährt man unbehindert ins Wiesengelände

Zweckmäßig im Aufbau! In jede Wirtschaft mit größeren Wiesenflächen gehört zum Lanz Bulldog ein **LANZ Anbau-Mähbalken.** Naht die Grasernte heran, braucht nur **mit wenigen Handgriffen** der eigentliche **Mähbalken angebracht** werden. Die **Bedienungshebel** auf dem Bulldog sind auf der linken Seite des Führersitzes so **zweckmäßig angebracht,** daß sie bei sonstiger Benutzung des Bulldog nicht stören und nicht entfernt zu werden brauchen.

Große Mähleistung, saubere Mäharbeit, zweckmäßiger Aufbau und Zuverlässigkeit machen den

LANZ Bulldog-Anbau-Mähbalken

zu einem

betriebswirtschaftlich sehr wichtigen Gerät

Der Anbau-Mähbalken

wird geliefert mit 5′ Normal- oder Scherenschnittapparat für:

D 3500
20 PS **luftbereiften** Bauern-Bulldog

D 3506
20 PS Ackerluft-Bulldog

D 7500 ab Masch.-Nr. 113 897
25 PS **luftbereiften** Acker-Bulldog

D 7506 ab Masch.-Nr. 114 027
25 PS Ackerluft-Bulldog

HEINRICH LANZ MANNHEIM
AKTIENGESELLSCHAFT

Fernruf 34411 · Drahtanschrift: Lanzwerk Mannheim · Drahtanschrift für die Lanz-Zweigstellen: „Lanzwerk"

Zweigstellen:	Fernruf:	Zweigstellen:	Fernruf:
Berlin W 9, Bellevuestraße 10	21 92 26	Königsberg i. P., Bahnhofwallstraße	Pregel 41135
Breslau 13, Straße der SA. 35	38221	Magdeburg, Listemannstraße 17	22341
Hannover-Wülfel, Brabrink 4	84347	München-Laim, Landsberger Straße 328	80451
Köln-Zollstock, Höningerweg 115/31	959 41/42	Wien XXI, Shuttleworthstraße 8	A 61060

EW 3103/-
apren

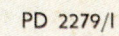

LANZ

Rollenlager-Grasmäher

Modell „LHR"

Ersparnis an Zugkraft
Erhöhte Sicherheit gegen Abnützung
Erleichterte Bedienung

durch......

Schrägrollenlager im Getriebe

Diese kräftigen, nachstellbaren Schrägrollenlager am Kurbelzapfen sind es, die Leichtzüg Eigenschaften dieser Schrägrollenlager erspar Rollenlager-Grasmähers benötigt nur noc

Verbesserte Hebelanordnung.

Ein leichter Zug an dem langen, mit bequemem Handgriff ohne Klinke versehenen **Aufzughebel** genügt, um den Apparat in **Transportstellung** zu bringen, wobei sich das Getriebe selbsttätig ausschaltet.

Ein Druck auf den **Fußhebel** hält den Schneideapparat durch den Haltebügel bei laufendem Messer in **Putzstellung**.

Ein leichter Druck auf den **Haltebügel** läßt den Schneide-Apparat wieder auf den Boden aufsetzen. **Der Aufzughebel in erster Raste** setzt für längere **Leerfahrt** während der Arbeit das Messer still.

Mittels des **Kipphebels** wird der Schneideapparat leicht in günstigste **Schnittlage** gebracht und Bodenwellen angepaßt.

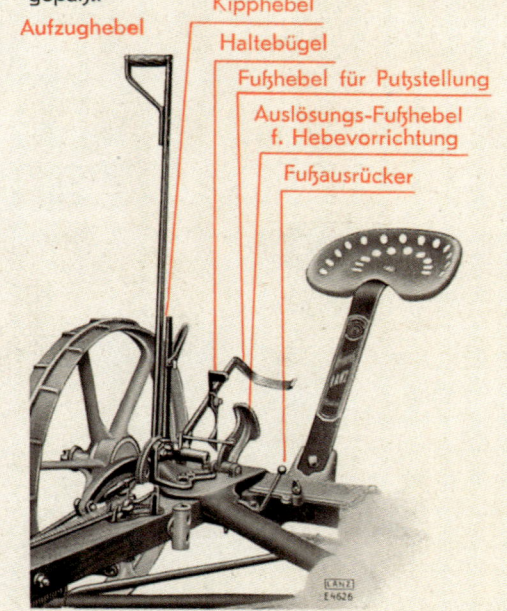

- Aufzughebel
- Kipphebel
- Haltebügel
- Fußhebel für Putzstellung
- Auslösungs-Fußhebel f. Hebevorrichtung
- Fußausrücker

Der Lanz-Kurbelstangenverschluß DRP

ist einfach, praktisch und zuverlässig. Er kann **mit einem Druck geöffnet und geschlossen** werden. Seine vorzügliche **Klemmvorrichtung** aus **gehärtetem Material**, die sich durch eine reichlich bemessene Feder selbsttätig reguliert, bewirkt ein ruhiges, stoßfreies Arbeiten, schließt Ab-

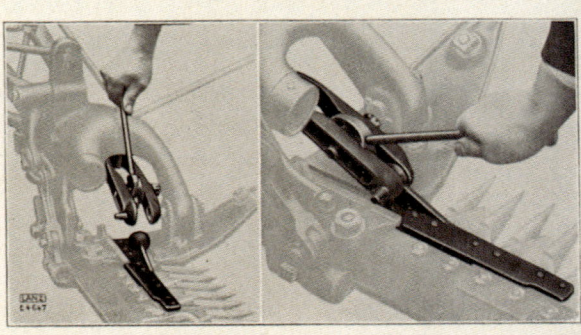

nützungen aus und vermeidet dadurch Messerbrüche. Klemmungen und Verletzungen können bei diesem einfach zu bedienenden Verschluß nicht vorkommen.

Der Druck auf die Deichselspitze

ist gerade so hoch, **wie es nötig ist,** um bei belastetem Führersitz ein Aufbäumen der Maschine bei Bergauffahrten auszuschließen.

Großer Durchgang unter der Maschine, kein Zusammenschieben des Schwades,

da alle Triebwellen gleichhoch liegen.

Leichter Gang und tadellose Arbeit des Schneide-Apparates.

Die **Kurbelstange** besitzt ein Rollenlager, das stoßfreies Arbeiten gewährleistet.

Eine reichlich bemessene Stahl-Federplatte mit kräftiger Nietverbindung zwischen Kurbelstangenlager und Kurbelstange nimmt Schwingungen der Kurbelstange auf und schont dadurch das Kurbellager.

Geringes Gewicht der Kurbelstange

entlastet die Lager wesentlich.

LANZ Rollen

auf Vorgelege- und Kurbelwelle und das Rollen-
nd Lebensdauer so günstig beeinflussen. Die besonderen
Verwendung von Drucklagern. Das Getriebe des Lanz-
llenlager! Weniger Lager — weniger Reibung!

Großes kräftiges Getriebe.

Je **größer die Zahnfläche**, umso geringer Flächendruck und Abnützung und umso leichter der Lauf. Und dieses technisch einwandfreie **Getriebe** besteht aus **Lanz-Perlit-Edelguß**, dem hochwertigen Spezial-Getriebe-Material, wie es bei Hochleistungsmotoren verwendet wird.

Getriebe im Oelbad.

Sämtliche Lager und Zahntriebe der Vorgelege und Kurbelwelle werden **zuverlässig** und **reichlich** durch **Umlaufschmierung** geölt.
Keine besonderen Schmiervorrichtungen nötig wie bei anderen Systemen.

Sichere Oelabdichtung.

Die aus dem Oelbad austretenden Wellen besitzen einen **patentierten Oelabdichtungsring**. Die **Leder-Manschette** dieser Dichtung schmiegt sich durch den sanften Druck einer Spiralfeder der Welle an und erreicht so vollkommenste Abdichtung ohne irgendwelche Bremswirkung.

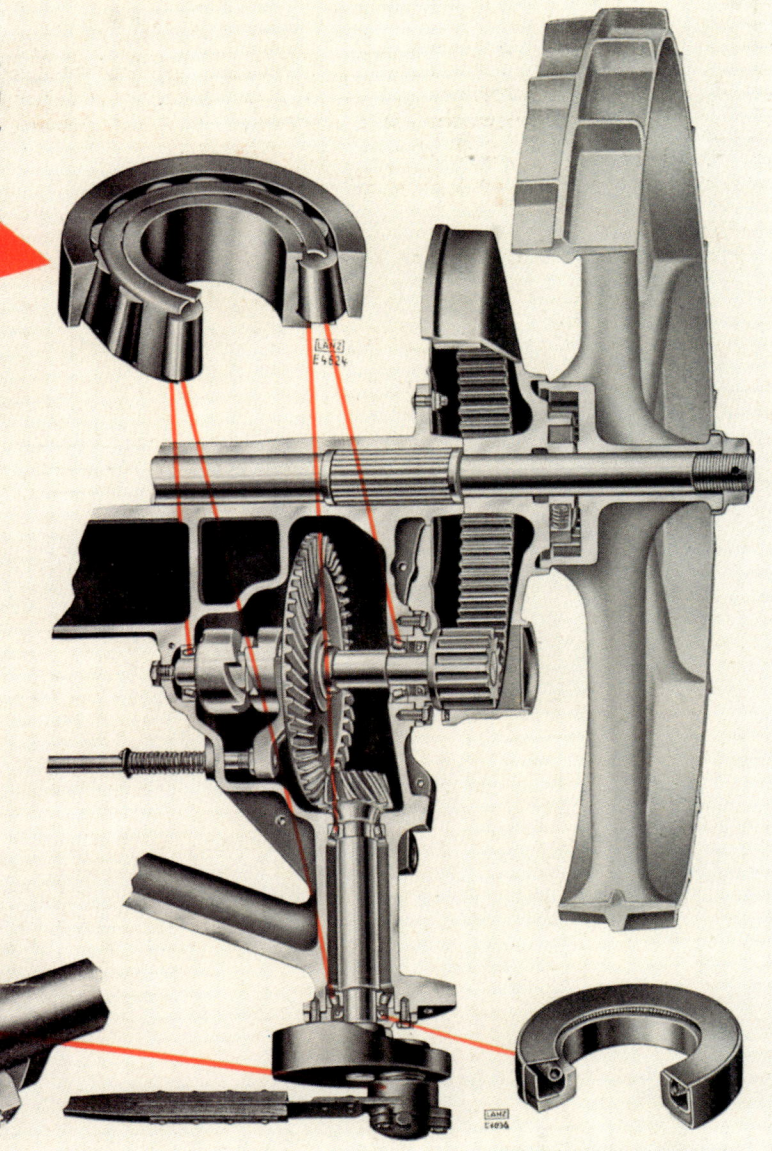

Oel-Abdichtungsring

Sehr einfache Demontage.

Das Vorgelege wird nach Entfernung eines Splintes unter Verwendung einer Druckschraube, die im Werkzeug mitgeliefert wird, durch eine Oeffnung im großen Zahnrad herausgedrückt.

Die kräftigen Fahrräder

erhalten genauen Lauf und festen Sitz durch **breite Naben**, die mit **staubsicheren Oelkammern** versehen sind.
Das **Längsspiel** der Fahrräder ist durch **Kronenmuttern** genau einstellbar.
Saubere Bearbeitung und **genaue Passung** der Dichtungsflächen an Klinkenscheibe, Nabe und Kronenmutter sichern **einwandfreie Staubabdichtung**.
Rutschen der Fahrräder auch bei weichem Untergrund **ausgeschlossen**, da sie mit **breiten Felgen** und **wirksamen Greifern** versehen sind.

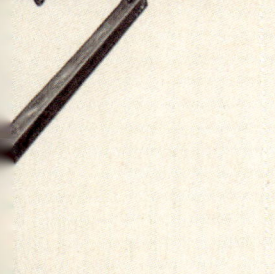

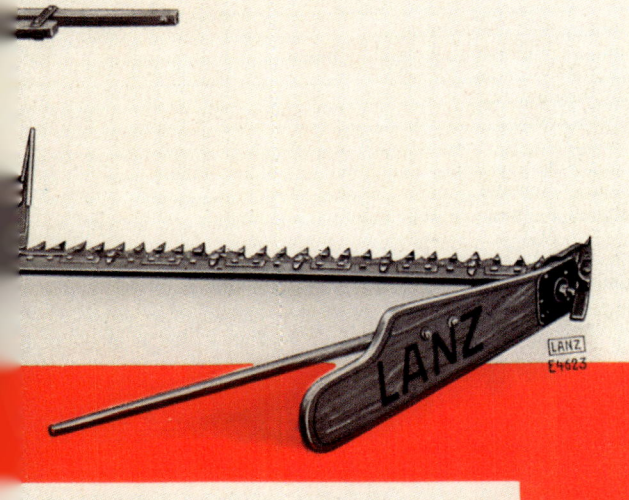

er-Grasmäher

Der Schneideapparat

bestimmt die Güte der Mäharbeit. Seiner Ausbildung ist deshalb große Sorgfalt zugewendet worden. Die **Finger** werden aus **hochwertigem Stahl im Gesenk geschmiedet** und sind mit **auswechselbaren Fingerplättchen** versehen. **Gehärtete**, auswechselbare **Reibeplatten** führen das Messer sicher und sorgen für gute Klingenauflage.
Einen Schneideapparat, der unter **allen** Graswuchs- und Bodenverhältnissen **gleichgute** Mäharbeit leistet, **gibt es nicht.** Deshalb ist beim Kauf eines Grasmähers die Wahl des **richtigen** Schneideapparates von **größter Bedeutung.**

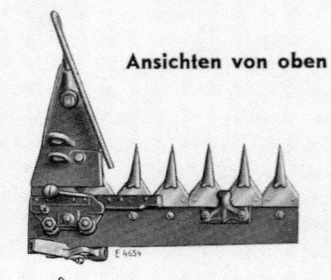

Ansichten von oben   **Ansichten von unten**

Sind **normale Graswuchs-** und **Bodenverhältnisse** vorhanden und wird auf allzu tiefen Schnitt kein Wert gelegt, so kommt der

Normal-Apparat

in Betracht. In Verbindung mit Anhaublech oder Handablage ist dieser Apparat auch zum **Getreideschnitt** geeignet.

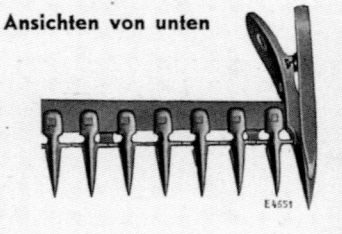

Für **dichten und nassen** Grasstand, moorige und sumpfige Wiesen eignet sich der

Lanz-Wiesensiegerapparat.

Durch die vorteilhafte Form der Finger und die freien Räume zwischen den Fingerpaaren, wird ein selbsttätiges Reinigen des Apparates erzielt, sodaß ein Verstopfen oder Festkeilen des Messers nicht eintreten kann.

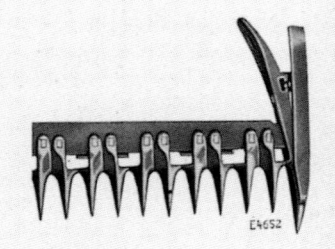

Bei **zähem, dünnem** Graswuchs, leistet der

Lanz-Mittelschnittapparat
(Scherenschnitt)

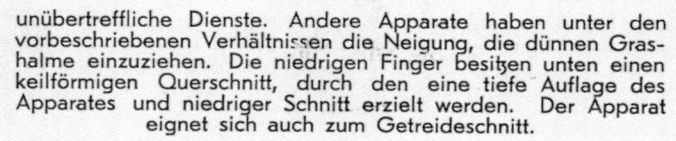

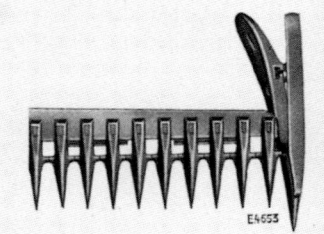

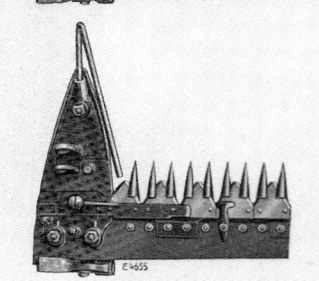

unübertreffliche Dienste. Andere Apparate haben unter den vorbeschriebenen Verhältnissen die Neigung, die dünnen Grashalme einzuziehen. Die niedrigen Finger besitzen unten einen keilförmigen Querschnitt, durch den eine tiefe Auflage des Apparates und niedriger Schnitt erzielt werden. Der Apparat eignet sich auch zum Getreideschnitt.

Für spärlichen und zweiten Schnitt (Grummet oder Ohmd) ist der

Tiefschnitt- oder Doppelfinger-Apparat

das richtige. Mit diesem erzielt man einen besonders kahlen und tiefen Schnitt. Vorbedingung für einwandfreie Arbeit ist jedoch **trockener, fester Boden.**

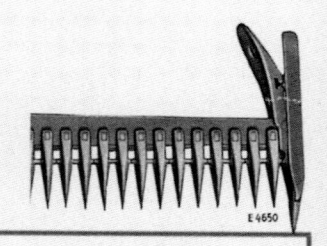

Größe	Spurweite	Schnittbreite	Gewicht
Nr. 35	94 cm	108 cm = $3^1/_2$'	etwa 270 kg
Nr. 40	108 cm	121 cm = 4'	„ 290 kg
Nr. 45	117 cm	138 cm = $4^1/_2$'	„ 345 kg

Nr. 35 für ein- oder zweispännigen Zug
Nr. 40 für 2 Kühe oder Ochsen
Nr. 45 für Pferde- oder Schlepperzug

Sonderausrüstungen gegen Mehrpreis (siehe Sonderprospekt)
Kombinierte Hand- und Fußbremse, bietet beim Fahren auf welligem Gelände größte Sicherheit, **Handablagen und Anhaubleche** für Getreideschnitt, **Vorderwagen und Deichseltragrollen, Moorräder, Schleifstein,** mit spitzer und flacher Schleiffläche für Hand-, Fuß- und Maschinenbetrieb.

Verwende nur Lanz-Original Ersatzteile!

Lanz Ersatzteilelager sind im ganzen Reich verbreitet.
Lanz Ersatzteilelager sind reichhaltig ausgestattet.
Lanz Ersatzteile sind infolgedessen sofort erhältlich.
Lanz Ersatzteile passen stets genau.
Lanz Ersatzteile sind aus vorzüglichem Material.

HEINRICH LANZ MANNHEIM
AKTIENGESELLSCHAFT

LANZ

Vollölbad-Grasmäher LVO

Zuverlässig und bewährt

Der bewährte Vollölbad Grasmäher

Druckkugellager

Rollenlager

Öl-Abdichtungsring

Reichlich bemessene Getriebezahnräder aus Lanz-Perlit / Anwendung von Präzisionsrollenlagern aus edelstem Material / Spezialdruckkugellager an der schnellaufenden Kurbelwelle.

Kraftübertragung auf die Kurbelwelle mittels spiralverzahnten, konischen Zahnrädern von besonders günstigem Wirkungsgrad / Großes Getriebe, das den Vorteil geringen Flächendruckes hat, wodurch Haltbarkeit und Leichtzügigkeit erhöht werden.

LANZ
E 8673

LANZ

Bequeme Bedienung sämtlicher Hebel.

Ein leichter Zug an dem langen, mit bequemem Handgriff ohne Klinke versehenen **Aufzughebel** genügt, um den Apparat in **Transportstellung** zu bringen, wobei sich das Getriebe selbsttätig ausschaltet. Ein Druck auf den **Fußhebel** hält den Schneideapparat durch den Haltebügel bei laufendem Messer in **Putzstellung**. Ein leichter Druck auf den **Haltebügel** läßt den Schneideapparat wieder auf den Boden aufsetzen. Der **Aufzughebel in erster Raste** setzt für längere **Leerfahrt** während der Arbeit das Messer still.
Mittels des **Kipphebels** wird der Schneideapparat leicht in günstigste **Schnittlage** gebracht und Bodenwellen angepaßt.

Schonung der Zugtiere

durch **günstigste Gewichtsverteilung**. Bei belastetem Führersitz liegt nur so viel Druck auf der Deichselspitze, daß ein Aufbäumen der Maschine bei Bergauffahrten verhindert wird.
Der **Sitz** ist je nach Gewicht des Fahrers **verstellbar**.

Große Bodenfreiheit

gibt dem Fahrkörper die Lagerung der drei Triebwellen **in gleicher Höhe** und die Anordnung **des Getriebes vor der Fahrachse**. Hohe Grasschwaden können ohne Behinderung überfahren werden.

Selbsttätige Schmierung

des Getriebes durch Vollölbad bei sparsamster und doch ausreichender Füllung. Mit nur **1 Liter Öl** werden sämtliche Lagerstellen und Zahntriebe durch die Schleuderwirkung reichlich und zuverlässig geschmiert.
Keine Sonderschmierung einzelner Lagerstellen des Getriebes nötig. **Kein Ölverlust** infolge des **patentierten Ölabdichtungsrings**. Der sanfte Druck einer Spiralfeder schmiegt die Manschette des Öldichtungsringes dicht an die Welle.

Der unübertroffene
LANZ-Kurbelstangenverschluß D.R.P.

ist **zuverlässig, einfach** und **praktisch**. Stoßfreies Arbeiten, Vermeidung jeglicher Brüche und Abnutzung.
Starke Ausführung der Klemmvorrichtung aus bestem gehärtetem Material. Selbsttätige Regulierung der Klemmvorrichtung durch reichlich bemessene, widerstandsfähige, nicht ermüdende Feder.
Einfachste Handhabung. Klemmungen und Verletzungen können bei diesem Verschluß **nicht** vorkommen.

Das Rollenlager der Kurbelstange

bietet die Sicherheit für **stoßfreies Arbeiten.**
Die starke Stahlfederplatte als Verbindung zwischen Kurbelstangenlager und Kurbelstange nimmt die auftretenden Schwingungen und die bei der Arbeit auf sie wirkenden Verdrehungskräfte der Kurbelstange auf. Dadurch **Entlastung** und **Erhöhung der Lebensdauer des Kurbellagers**, unterstützt durch das **niedrige Gewicht der Kurbelstange**.

Die kräftigen Fahrräder

erhalten genauen Lauf und festen Sitz durch **breite Naben**, die mit **staubsicheren Ölkammern** versehen sind.
Das **Längsspiel** der Fahrräder ist durch **Kronenmuttern** genau einstellbar. Sichere Staubabdichtung ist durch **saubere Bearbeitung** und **genaue Passungen** der Dichtungsflächen an Klinkenscheibe, Nabe und Kronenmutter gewährleistet.
Rutschen der Fahrräder auch bei weichem Untergrund **ausgeschlossen**, da sie mit **breiten Felgen** und **wirksamen Greifern** versehen sind.

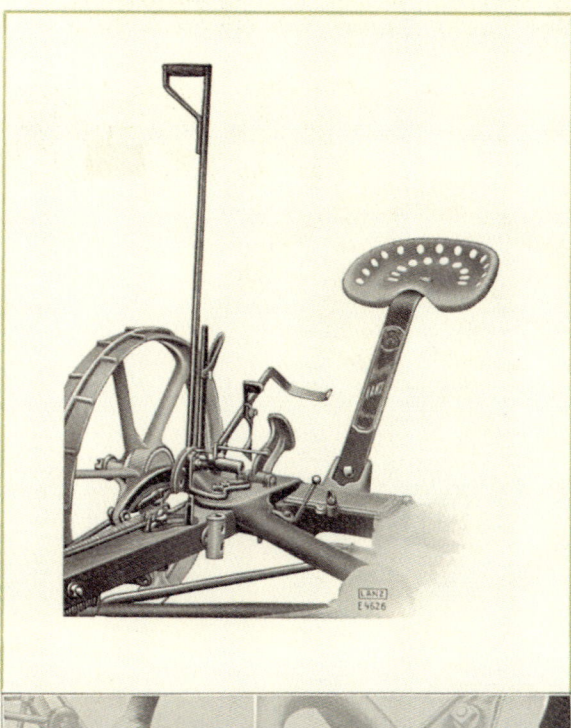

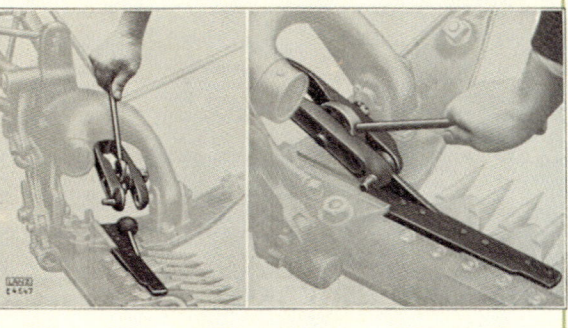

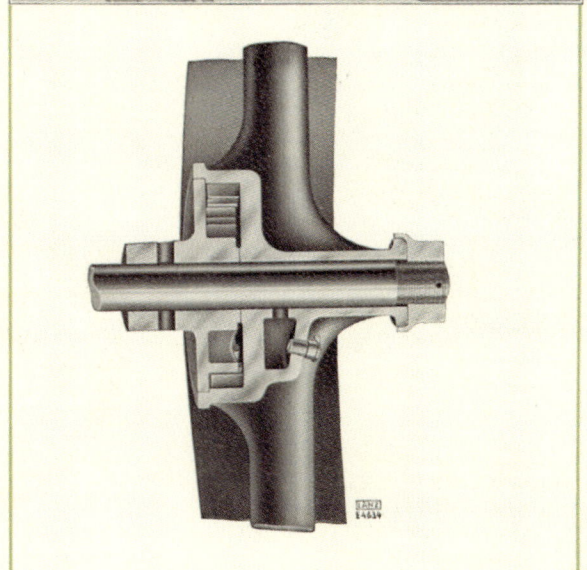

Große Betriebssicherheit und lange Lebensdauer wird gewährleistet durch:

❶ sorgfältige Werkstoffauswahl, die zur Verwendung hochwertiger Stähle und LANZ-Perlit, dem Edelguß, führt, womit größtmögliche Verschleißfestigkeit sichergestellt ist;

❷ die durchdachte und auf jahrzehntelanger Erfahrung beruhende Konstruktion, die sich sowohl auf die einwandfreie Arbeitsweise als auch auf die Betriebssicherheit auswirkt;

❸ Verwendung verschiedener, den jeweiligen Druckbeanspruchungen Rechnung tragender Speziallager. In den gegen Stöße unempfindlichen Rollenlagern gleicher Art, wie sie im Auto verwendet werden, haben die Wellen auch nach langjähriger Gebrauchsdauer guten Sitz und tadellosen Lauf. Kugeldrucklager und Druckstahlscheiben nehmen dabei die Längsdrücke auf.

Die Güte der Mäharbeit

bestimmt der Schneideapparat. Einen Schneideapparat, der unter **allen** Graswuchs- und Bodenverhältnissen **gleichgute** Mäharbeit leistet, **gibt es nicht**. Deshalb ist beim Kauf eines Grasmähers die Wahl des **richtigen** Schneideapparates von **größter** Bedeutung.

Die Ausbildung und Herstellung der Schneideapparate erfolgt mit großer Sorgfalt. Die Finger werden aus **hochwertigem Stahl im Gesenk geschmiedet** und sind mit **auswechselbaren Fingerblättchen** versehen. **Gehärtete** auswechselbare **Reibeplatten** führen das Messer sicher und sorgen für gute Klingenauflage.

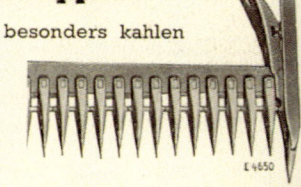

LANZ Vollölbad-Grasmäher LVO

Größe	Spurweite	Schnittbreite
Nr. 40	108 cm	121 cm = 4'
Nr. 45	117 cm	138 cm = 4½'
Nr. 50	117 cm	150 cm = 5'

Nr. 40 für 2 Kühe oder Ochsen
Nr. 45 und 50 für Pferde- oder Schlepperzug

Sonderausrüstungen
gegen Mehrpreis (siehe Sonderprospekt)

Kombinierte Hand- und Fußbremse, bietet beim Fahren auf welligem Gelände größte Sicherheit,

Handablagen und Anhaubleche für Getreideschnitt,

Vorderwagen und Deichseltragrollen, Moorräder, Schleifstein, mit spitzer und flacher Schleiffläche für Hand-, Fuß- und Maschinenbetrieb.

Ansichten von oben   Ansichten von unten

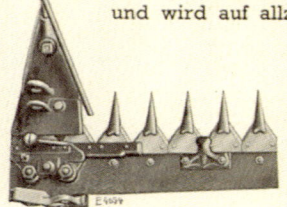

Sind **normale Graswuchs-** und **Bodenverhältnisse** vorhanden und wird auf allzu tiefen Schnitt kein Wert gelegt, kommt der

Normal-Apparat
in Betracht. In Verbindung mit Anhaublech oder Handablage ist dieser Apparat auch zum **Getreideschnitt** geeignet.

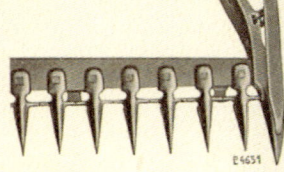

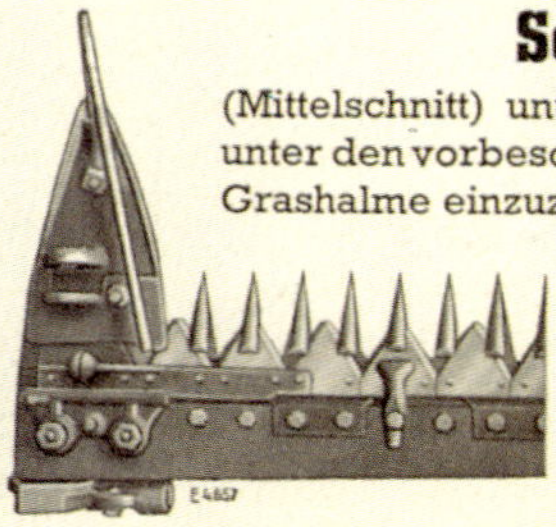

Bei **zähem, dünnem** Graswuchs leistet der

Scherenschnitt-Apparat
(Mittelschnitt) unübertreffliche Dienste. Andere Apparate haben unter den vorbeschriebenen Verhältnissen die Neigung, die dünnen Grashalme einzuziehen. Die niedrigen Finger besitzen unten einen keilförmigen Querschnitt, durch den eine tiefe Auflage des Apparates und niedriger Schnitt erzielt werden. Der Apparat eignet sich auch zum Getreideschnitt.

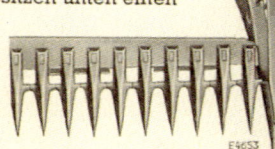

Für **dichten und nassen** Grasstand, moorige und sumpfige Wiesen eignet sich der **Wiesensieger-Apparat** (Mittelschnitt). Durch die vorteilhafte Form der Finger und die freien Räume zwischen den Fingerpaaren wird ein selbsttätiges Reinigen des Apparates erzielt, so daß ein Verstopfen oder Festkeilen des Messers nicht eintreten kann.

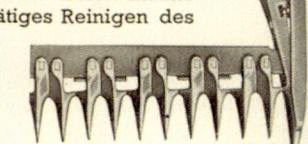

Für spärlichen und zweiten Schnitt (Grummet oder Ohmd) ist der

Tiefschnitt- oder Doppelfinger-Apparat
das Richtige. Mit diesem erzielt man einen besonders kahlen und tiefen Schnitt. Vorbedingung für einwandfreie Arbeit ist jedoch **trockener, fester Boden**.

HEINRICH LANZ MANNHEIM
AKTIENGESELLSCHAFT

Fernruf 344 11 · Drahtanschrift: Lanzwerk Mannheim · Drahtanschrift für die Lanz-Zweigstellen: „Lanzwerk"

Zweigstellen:	Fernruf:	Zweigstellen:	Fernruf:
Berlin W 9, Bellevuestraße 10	21 92 26	Königsberg i. P., Bahnhofwallstraße	Pregel 411 35
Breslau 13, Straße der SA. 35	382 21	Magdeburg, Listemannstraße 17	223 41
Hannover-Wülfel, Brabrink 4	843 47	München-Laim, Landsberger Straße 328	804 51
Köln-Ehrenfeld, Oskar-Jäger-Str. 143	508 41/42	Wien XXI, Shuttleworthstraße 8	A 610 60

EW 3102/I
mayen

LANZ

Heuwender

E 3900

5 Gabeln **6** Gabeln

Hochwertiges Heu

durch gründliches Wenden, gutes Durchlüften, völliges Abtrocknen des gemähten Grases mit Hilfe des

Gabelheuwenders

HEINRICH **LANZ** MANNHEIM
Aktiengesellschaft
Abt. Erntemaschinen

PD 2023

ZUR AUSNÜTZUNG

einer nur zeitweise günstigen Wetterlage ist die Verwendung eines LANZ-Gabelheuwenders unerläßlich. Sein Einsatz ist oft so wichtig, daß er sich bei einer einzigen Heuernte bezahlt macht

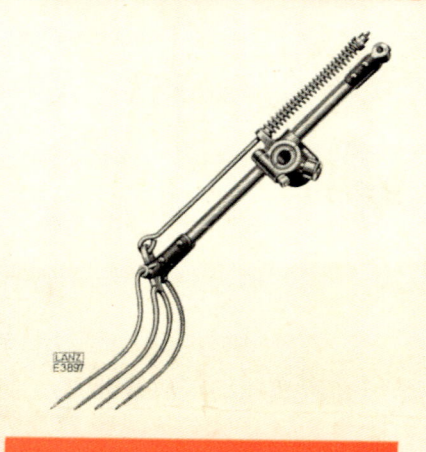

Leichtes, schwingungsfreies Arbeiten und reibungsloser Lauf des Getriebes werden durch den hochwertigen Stahlrahmen gesichert.

Eine gehärtete Stahlkette sorgt für eine sichere Kraftübertragung.

Hohe Standfestigkeit und gutes Übersetzungsverhältnis beruhen auf einem zweckmäßigen Fahrraddurchmesser.

Keine Gabelbrüche und sonstige Störungen durch **Kippvorrichtung mit Begrenzungsbügel** D. R. P.
Beim Überfahren von Hindernissen geht der durch Hand- oder Fußhebel hochgekippte Gabeltragrahmen wieder in die richtig eingestellte Arbeitslage zurück. Die Gabellager sind mit Staufferbüchsen versehen.

Bequeme Bedienung sämtlicher Hebel vom Führersitz aus.

Sonderausrüstungen
gegen Mehrpreis
Hand- oder Fußbandbremse für hügeliges Gelände
Zugwaage mit 2 Sielscheiten für zweispänniges Fahren

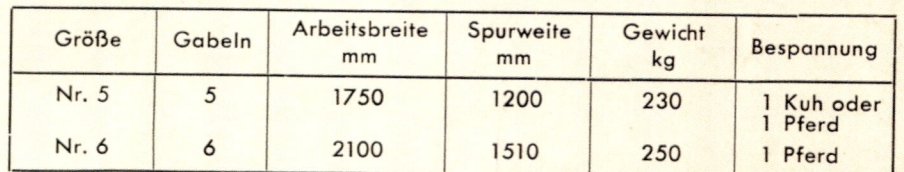

Größe	Gabeln	Arbeitsbreite mm	Spurweite mm	Gewicht kg	Bespannung
Nr. 5	5	1750	1200	230	1 Kuh oder 1 Pferd
Nr. 6	6	2100	1510	250	1 Pferd

Eine große Zahl über das ganze Reich verbreiteter Ersatzteilelager sichert schnelle Bedienung

LANZ

Bulldog-Anbau-Schwadverteiler

spart Zeit und Arbeit, beschleunigt die Trocknung

Rechtzeitiger Schnitt
Rasches Trocknen
das gibt *Hochwertiges Heu*

Im Anbau-Grasmäher entstand ein außerordentlich wirksames Instrument zur Brechung der im Grasschnitt liegenden großen Arbeitsspitze. Sein Einsatz erleichtert den Grasschnitt und sichert dessen rechtzeitige Erledigung. Für die Qualität des zu werbenden Heues ist schnelle Trocknung von höchster Wichtigkeit, sie zu beschleunigen und wertvolle Eiweißstoffe im Heu zu erhalten, ist eine unbedingte Notwendigkeit. Am besten geschieht dies dadurch, daß das Schwad frischgeschnittener Gräser sofort zerstreut und mehrmals gewendet wird. Das erfordert jedoch einen erheblichen Arbeitsaufwand, zu dessen Bewältigung es dem Bauern an Arbeitskräften und Zeit mangelt.

Rechtzeitigen Schnitt
erzielt man sicher mit dem **LANZ** Bulldog-Anbau-Grasmäher

Rasches Trocknen
begünstigt wirkungsvoll der **LANZ** Bulldog-Anbau-Schwadverteiler

Äußerst wirksame Abhilfe schafft hierbei der Anbau-Schwadverteiler, den LANZ zum Bulldog entwickelt hat. Mit ihm ist es möglich, das vorher vom Anbau-Grasmäher geschnittene Schwad sofort zu zerstreuen, so daß die Luft überall Zutritt erhält: **das Heu trocknet in kürzester Zeit.** Schädliche Einwirkungen der Sonnenstrahlen und anderer Witterungseinflüsse durch zu langes Ausliegen des Heues werden dadurch eingedämmt. Wertvolle Eiweißstoffe bleiben so dem Heu erhalten, womit eine der wichtigsten Voraussetzungen für die Werbung hochwertigen Heues — einer betriebs- wie volkswirtschaftlichen Notwendigkeit — erfüllt wird.

Der LANZ *Bulldog-Anbau-Schwadverteiler*

ist ein weiterer Beweis für das Streben von LANZ, im Bulldog dem Bauern nicht nur einen guten Schlepper in die Hand zu geben, sondern ihm auch Arbeitsgeräte zu liefern, die in Leistung und Aufbau harmonisch an den Bulldog angepaßt sind, und die das enorme Leistungsvermögen des LANZ-Bulldog in wirksamster Weise ausnützen lassen.

Der **LANZ**-Bulldog-Anbau-Schwadverteiler wird geliefert für:

15 PS Bauern-Bulldog . . . . . D 4506	25 PS Bulldog, luftbereift . . . D 7500
20 PS Bulldog, luftbereift . . . D 3500	25 PS Ackerluft-Bulldog . . . . D 7506
20 PS Ackerluft-Bulldog . . . . D 3506	25 PS „Allzweck"-Bulldog . . D 7506

HEINRICH **LANZ** MANNHEIM
AKTIENGESELLSCHAFT

Fernruf 34411 · Drahtanschrift: Lanzwerk Mannheim · Drahtanschrift für die Lanz-Zweigstellen: „Lanzwerk"

Zweigstellen: Fernruf:	Zweigstellen: Fernruf:
Berlin-Charlottenburg 2, Uhlandstr. 11, Ecke Kantstr. . . 31 81 55	Königsberg i. P., Bahnhofwallstraße . . . . Pregel 411 35
Breslau 13, Straße der SA. 35 . . . . 382 21	Magdeburg, Listemannstraße 17 . . . . 223 41
Hannover-Wülfel, Brabrink 4 . . . . 843 47	München-Laim, Landsberger Straße 328 . . . . 804 51
Köln-Ehrenfeld, Oskar-Jäger-Straße 143 . . . . 508 41/42	Posen, Bismarckstraße 1 . . . . 26 78 u. 26 79

Wien XXI, Shuttleworthstraße 8, Fernruf: A 61060 u. A 60570

EW 3428
mayun

M 0847

LANZ

Heurechen

VOLLAUTOMAT

LR mit Rundstahlzinken

LS mit T-Profilzinken

sind unentbehrliche Helfer in der Ernte, einfach im Bau, zuverlässig bei der Arbeit

Bequeme Bedienung
durch übersichtlich angeordnete und vom Führersitz aus mühelos erreichbare Hebel, die selbst von einem Jungen betätigt werden können.

Gründliche Arbeit
wird mit dem Lanz-Heurechen erzielt, durch eine genaue, je nach der Bodenbeschaffenheit und Größe der Bespannung erforderliche Einstellung der Zinkenspitzen.

PD 1995

Sauberes Zusammenrechen

großer Futtermengen ermöglicht ein besonderer Fußhebel, durch den die Zinken am Boden gehalten werden.

Selbsttätiges Heben

des Rechenkorbes erfolgt durch Betätigung eines Fußhebels. Der Korb geht selbsttätig wieder in Arbeitsstellung zurück. Geteilte, federnd gelagerte Schaltstangen bewirken auch beim Kurvenfahren ein sicheres Heben. Der Korb läßt sich außerdem durch einen Handhebel anheben, was beim Rückwärtsfahren und Überfahren von Hindernissen sehr vorteilhaft ist.

Eine kräftige Pufferfeder

nimmt die Stoßwirkung beim Niedergehen des Korbes auf.

Tadellose Entleerung

des gefüllten Korbes sichern günstig geformte Abstreifer, die auch ein Überspringen von Zinken verhüten. Endzinken bei den Fahrrädern vermeiden Verstopfungen.

Gegenseitige Auswechselbarkeit

der Fahrräder und Schaltstangen ermöglichen einen Ausgleich von Abnützungen.

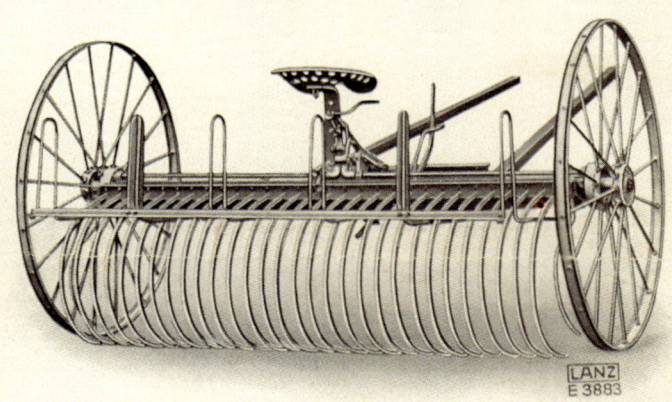

Type	Rund-stahl-zinken mm	Teilung mm	Spur-weite m	Arbeits-breite ca. m	Gewicht ca. kg	Type	T-Profil-zinken mm	Teilung mm	Spur-weite m	Arbeits-breite ca. m	Gewicht ca. kg
LR 3	28	72	2,30	2,00	210	LS 3	28	72	2,30	2,00	220
LR 4	30	72	2,45	2,10	215	LS 4	30	72	2,45	2,10	230
LR 5	36	60	2,45	2,10	220	LS 5	36	60	2,45	2,10	235
LR 6	34	71	2,75	2,40	225						
LR 7	38	72	3,05	2,70	235						

Eine große Zahl über das ganze Reich verbreiteter Ersatzteilelager sichert schnelle Bedienung.

HEINRICH LANZ MANNHEIM

AKTIENGESELLSCHAFT
ABT. ERNTEMASCHINEN

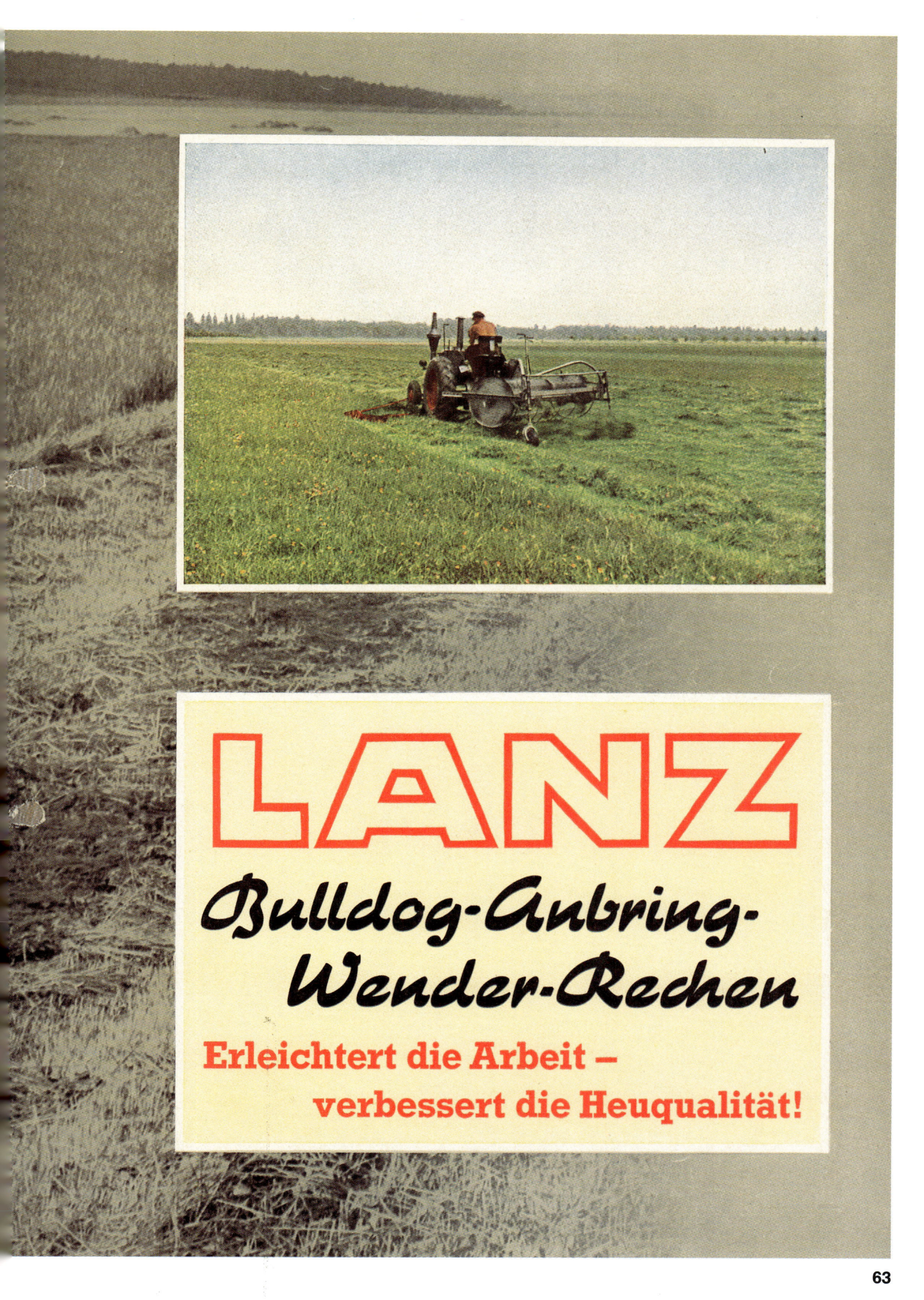

LANZ
Bulldog-Anbring-Wender-Rechen
Erleichtert die Arbeit – verbessert die Heuqualität!

Der LANZ-Anbring-Wender-Rechen

steigert die Arbeitsleistung

verbessert die Heuqualität

erhöht die Schlepper-Nutzung

Der Ruf: „Schafft hochwertiges Heu" verlangt, daß der Heuwerbung größte Aufmerksamkeit zugedacht wird. Von besonderer Bedeutung für die Heuqualität ist dabei eine schnelle wirksame gleichmäßige Trocknung, damit wertvolle Eiweiß-Stoffe im Heu durch zu langes Aufliegen und Witterungseinflüsse – Regen, Sonne – nicht zerstört werden. Eine wirksame Trocknung wird erreicht, wenn das Schwad frischgeschnittenen Grases nicht nur sofort zerstreut, sondern auch anschließend öfters gewendet wird, damit ein gutes Auflockern erfolgt.

Nach dem Anbau-Grasmäher, dem Anbau-Schwadverteiler hat nun LANZ zum Bulldog ein weiteres wichtiges Gerät für das Erleichtern, Vereinfachen und Verbessern der Heuernte, den

Anbring-Wender-Rechen

entwickelt, der so ausgebildet ist, daß er drei Arbeitsfunktionen verrichten kann:

als Schwadverteiler   **als Heuwender** 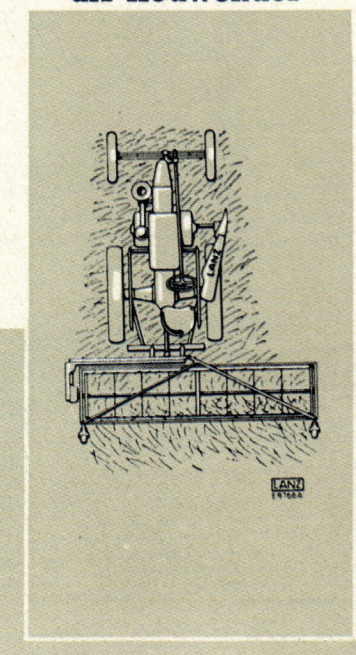   **als Schwadenrechen**

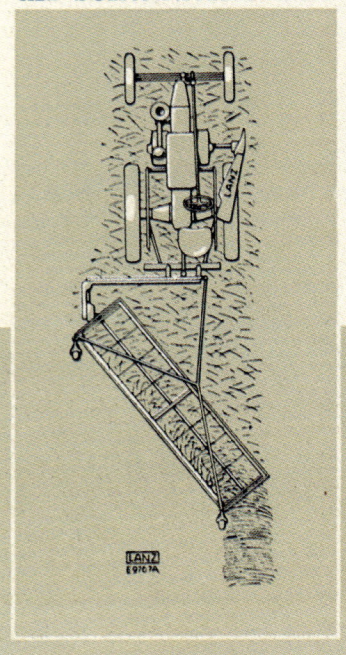

LANZ-
Anbring-Wender-Rechen
beim Schwadverteilen

LANZ-
Anbring-Wender-Rechen
beim Wenden

LANZ-
Anbring-Wender-Rechen
beim Anschwaden

LA

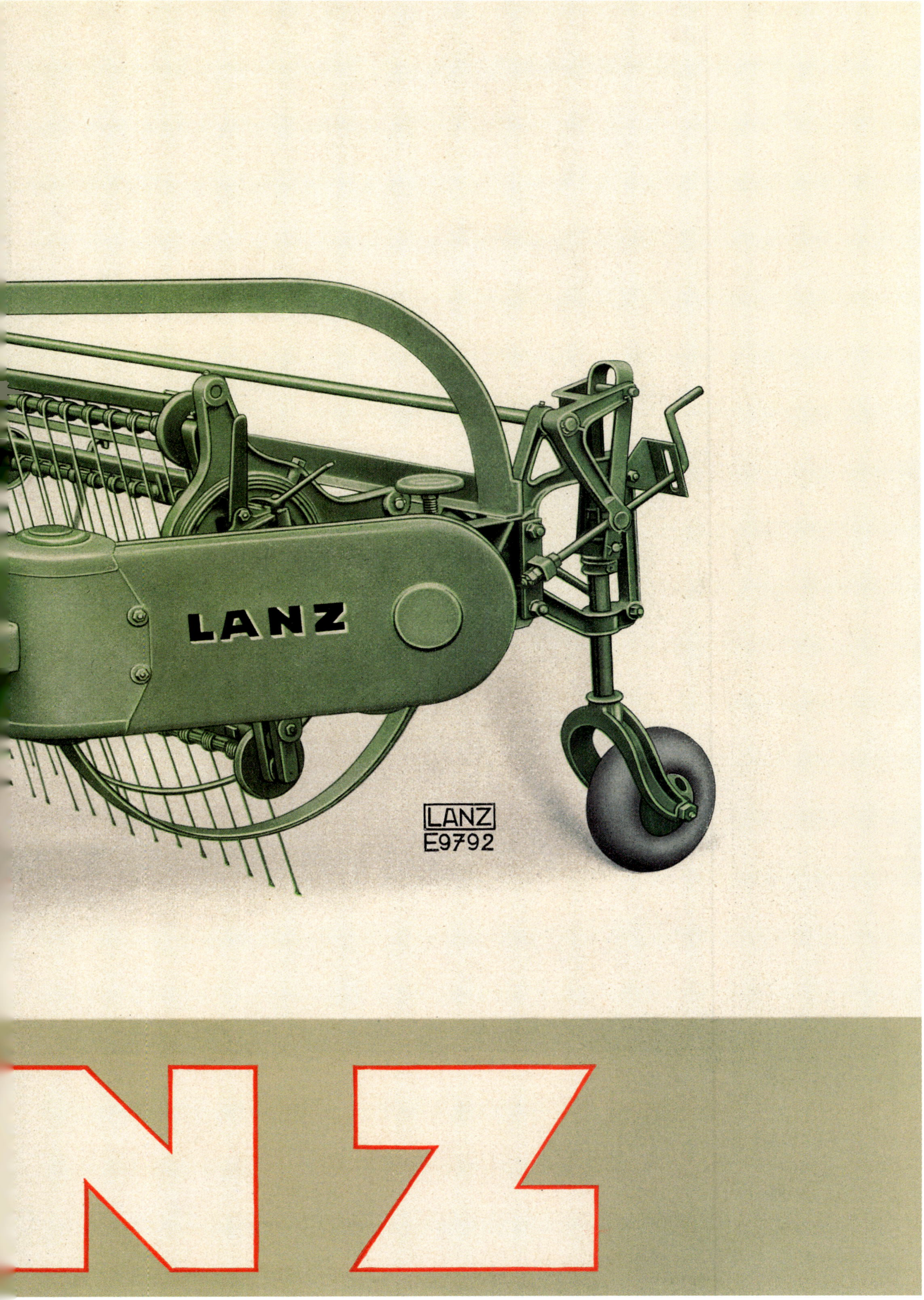
LANZ
LANZ
E9792
NZ

Der **LANZ**-Bulldog-Anbring-Wender-Rechen

zeichnet sich durch folgende Vorzüge au[s]

1. Die Trommel arbeitet außer in der Parallelstellung zur Schlepper-Hin[ter]achse auch in jeder gewünschten Schräglage bis zu einer Ausschwenk[ung] von 40° einwandfrei. Das Ausschwenken der Trommel läßt sich d[urch] einen Mann leicht ausführen

2. Infolge der Ausgleichmöglichkeit an der Anhängevorrichtung paßt sich [der] LANZ-Anbring-Wender-Rechen allen vorkommenden Bodenunebenhe[iten] an, sowohl in seiner Stellung als Heuwender oder auch als Schwadenrec[hen] bzw. Schwadverteiler.

   Die Einstellung für den Tiefgang der Maschine erfolgt durch eine Ha[nd]kurbel, die sich bequem bedienen läßt; ebenso leicht ist auch die [Ver]stellung der Zinken möglich.

3. Seine Konstruktion erfolgte in neuzeitlicher Leichtbauweise, die günstige [Ge]wichtsverteilung bei großer Festigkeit gewährleistet. Die Maschine läßt [sich] von einem Mann bequem an dem Schlepper anschließen und ebenso lö[sen].

4. Der Antrieb erfolgt von der Zapfwelle her über eine Gelenkwelle, die d[urch] einen besonderen Schutz gegen Unfall gesichert ist.

Bulldog-Anbring[-]

(5) Zum bequemen und leichten Anschluß und Trennung ist der Wender-Rechen mit einem Stützrad ausgebildet, das schwenkbar ausgeführt wird, so daß der Wender-Rechen in jede gewünschte Höhe zum Schlepper gebracht werden kann.

Das Stützrad läßt sich gleichzeitig für den Transport der Maschine benützen. Durch eine einfache Anhängevorrichtung läßt sich der Wender-Rechen mit dem Schlepper für die Transportfahrt verbinden.

(6) Die Kraftübertragung am Anbring-Wender-Rechen erfolgt durch einen Keilriemen, der die Gelenkwelle mit der ihr nahezu rechtwinklig zueinander stehenden Trommelwelle verbindet. Durch diese Anordnung erhält die Maschine einen geräuschlosen Gang. Sie wird leichtzügig und frei von Getriebsverlusten.

(7) Das Umstellen der Maschine für die einzelnen Arbeiten des Schwadverteilens, des Wendens sowie des Schwadenrechens erfolgt durch ein Handrad, das am Getriebekasten angebracht ist. Im letzteren sind die Umkehr- und Wechselräder für die verschiedenen Geschwindigkeiten und Drehrichtungen der Maschine eingebaut.

(8) Alle Stirnräder laufen im Ölbad, die Trommelwelle und der Keilriemenantrieb laufen in Pendelkugellagern.

Wender-Rechen

Der LANZ-Bulldog-Anbring-Wender-Rechen in Transportstellung

Im Erntemaschinenbau hat LANZ die Entwicklung immer wieder durch bahnbrechende Arbeiten vorangebracht. Treffende Beispiele dafür sind der verblüffend leichtzügige Grasmäher LHR, der Vollölbad-Roder LK als verbreitetste deutsche Kartoffelerntemaschine, der in aller Welt geschätzte Ölbad-Schlepperbinder mit dem daraus entwickelten Hanf-Binder und neuerdings eine Folge von Anbau-Geräten zum Schlepper, die mit enormem Leistungsvermögen bei verwirklichter Einmann-Bedienung und neuartigen Konstruktionsgedanken den Beginn eines neuen Zeitabschnittes der Landtechnik anzeigen.

Der **LANZ**-Bulldog-Anbring-Wender-Rechen wird geliefert für:

15 PS Bauern-Bulldog . . . . D 4506	25 PS Bulldog, luftbereift . . . . . . D 7500
20 PS Bauern-Bulldog, luftbereift D 3500	25 PS Ackerluft-Bulldog . . . . D 7506
20 PS Ackerluft-Bulldog . . . . D 3506	25 PS „Allzweck"-Bulldog . . . . . D 7506

HEINRICH **LANZ** MANNHEIM
AKTIENGESELLSCHAFT

Ruf: Ortsverkehr 34411, Fernverkehr 34451 · Drahtanschriften: Lanzwerk Mannheim · Für die Lanz-Zweigstellen: „Lanzwerk"

Zweigstellen:	Fernruf:	Zweigstellen:	Fernruf:
Berlin-Charlottenburg 2, Uhlandstr. 11, Ecke Kantstr.	31 81 55	Königsberg i. P., Bahnhofwallstraße	Pregel 411 35
Breslau 13, Straße der SA. 35	382 21	Magdeburg, Listemannstraße 17	223 41
Hannover-Wülfel, Brabrink 4	843 47	München-Laim, Landsberger Straße 328	804 51
Köln-Ehrenfeld, Oskar-Jäger-Straße 143	508 41/42	Posen-Luisenhain	2678 u. 2679

Wien XXI, Shuttleworthstraße 8, Fernruf: A 61060 u. A 60570

EW 3429
decdo

M 0847

LANZ

Getreidemäher

Erleichtern Bauer und Bäuerin die Arbeit

LANZ Ölbord-Getreidemäher

der altbewährte Helfer
in der Landwirtschaft

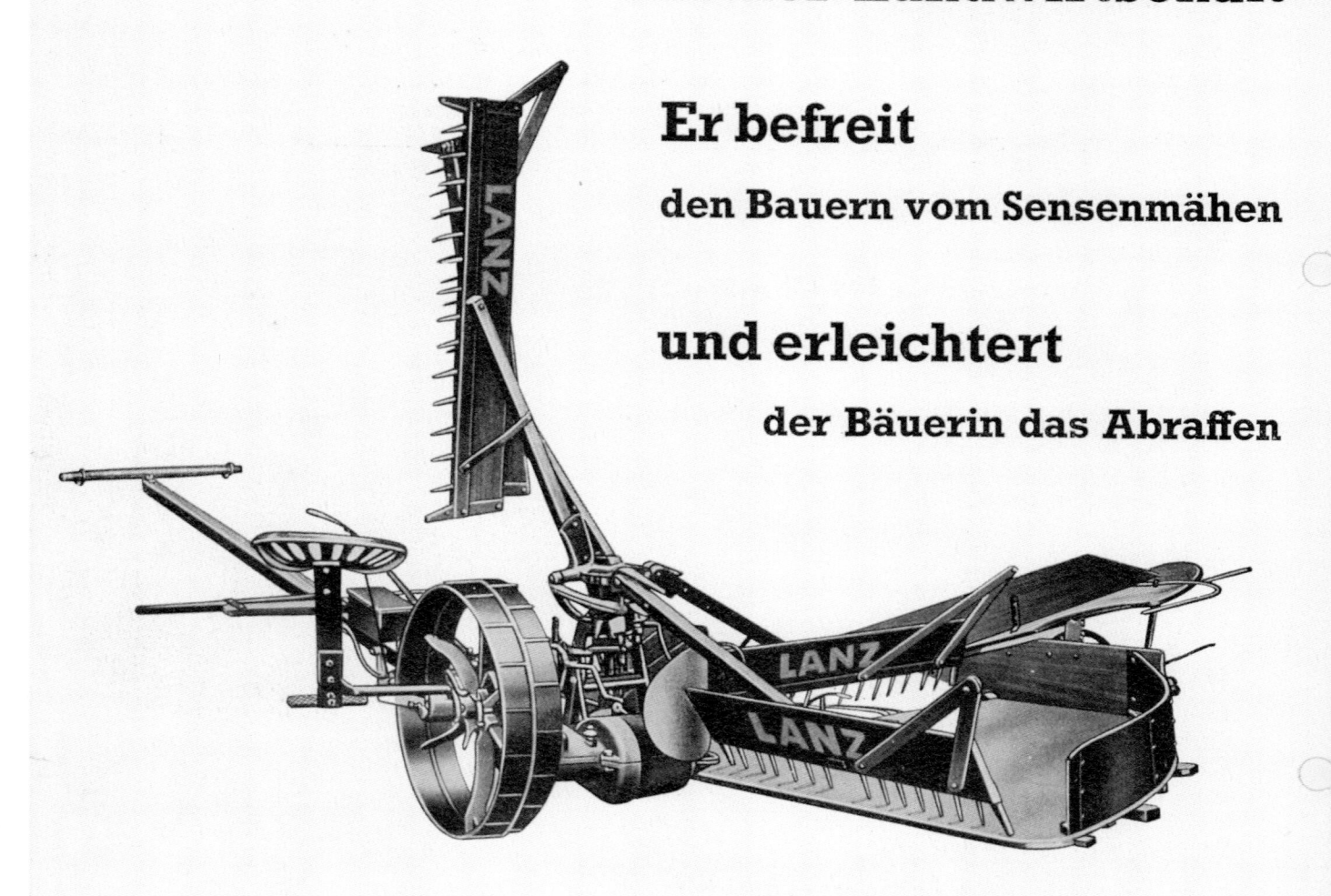

Er befreit
den Bauern vom Sensenmähen

und erleichtert
der Bäuerin das Abraffen

Tadelloses Mähen sämtlicher Getreidearten

sowohl bei stark durchwachsener Lagerfrucht, als auch längstem Roggen ist möglich, da der Tisch beliebig hoch oder tief eingestellt und in verschiedene Lagen gekippt werden kann.

Sauberes Ablegen der Frucht

ist durch die kräftigen Flügel und den stabilen Tisch gewährleistet. Der Tisch ist mit einer **Stahlblechplattform** versehen, die sich nicht verbiegen kann und zum Schutz gegen Verrosten mit einem besonders widerstandsfähigen Überzug versehen ist.

Große Standfestigkeit

besitzt LANZ-Ölbad-Getreidemäher durch das **stabile Hauptrad.** Zwei auswechselbare LANZ-Perlitbüchsen in der kräftigen Nabe sichern ihm festen Sitz und exakten Lauf. Die breite Lauffläche mit günstig ausgebildeten Greifern bewirkt auch auf leichtem Sandboden oder moorigem, nassem Gelände gleichmäßigen Antrieb.

Das Landrad wurde wesentlich verbreitert und kann auch in wenig tragfähigen Böden nicht einschneiden und die Leichtzügigkeit beeinflussen.

Ein staubdicht abgeschlossenes Ölbad

bietet den auf der **Grundplatte** angeordneten Getrieberädern vorzügliche Schmierung und begünstigt ihren ruhigen, leichten Lauf. Hauptantriebs- und Kurbelwelle haben ebenfalls im Betriebe **dauernden Ölzufluß.** Der Getriebeschutzdeckel kann bequem von oben abgenommen werden.

Nur eine Ölfüllung

ist zur Schmierung der Getrieberäder für eine Ernte erforderlich.

Bequeme Handhabung

bei Umstellung in Arbeits- und Transportstellung, da die einfachen Vorrichtungen durch einige Handgriffe ohne Werkzeug betätigt werden können.

Mühelose Schaltung des Zählerwerkes

ohne Arbeitsunterbrechung **vom Führersitz** aus ermöglicht beliebige Folge der Ablage durch sämtliche oder jeden 2., 3., 4. und 5. Flügel, was bei ungleichmäßigem Getreidestand sehr vorteilhaft ist.

Ein Druck auf den Fußhebel der **Momentausschaltung** genügt, um jeden Flügel — unabhängig vom Zählerwerk — außer Ablegetätigkeit zu setzen. **Die Feldecken bleiben so frei** für ein dauerndes Umfahren.

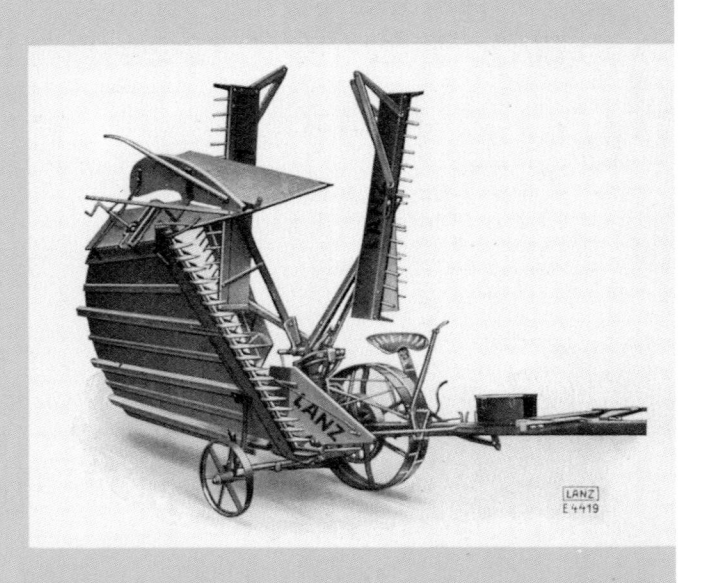

73

So urteilt der Bauer

Durch die Wirtschaftsgenossenschaft Namslau kaufte ich einen **Getreidemäher** Ihres Fabrikats. Ich habe hügeligen Acker und zur Bespannung 2 leichte Pferde. Die Maschine hat einwandfrei und zu meiner größten Zufriedenheit gearbeitet. Besonders hervorheben möchte ich die Leichtzügigkeit der Maschine. Ich kann Ihren Getreidemäher meinen Berufsgenossen bestens empfehlen.

Namslau, den 9. November 1936　　　**Theodor Neugebauer, Bauer**

Von der Firma Ludwig Spitzer, sen., Mosbach, bezog ich einen LANZ-Ölbad-Getreidemäher Nr. 45. Obwohl ich bei schwierigstem Gelände mit einem Pferd und einer Kuh gearbeitet habe, hat sich dieser gut und selbst bei Lagerfrucht bestens bewährt. Ich kann diesen Getreidemäher all meinen Berufskollegen empfehlen.

Sattelbach (Odenwald), den 4. November 1938　　　**August Mecjler, Bauer**

LANZ Ölbad-Getreidemäher

Größe	Schnittbreite
Nr. 45	ca. 135 cm (4½′)
Nr. 50	ca. 150 cm (5′)

HEINRICH LANZ MANNHEIM
AKTIENGESELLSCHAFT

Fernruf 34411 · Drahtanschrift: Lanzwerk Mannheim · Drahtanschrift für die Lanz-Zweigstellen: „Lanzwerk"

Zweigstellen:	Fernruf:	Zweigstellen:	Fernruf:
Berlin W 9, Bellevuestraße 10	21 92 26	Königsberg i. P., Bahnhofswallstraße	Pregel 41135
Breslau 13, Straße der SA. Nr. 35	382 21	Magdeburg, Listemannstraße 17	223 41
Hannover-Wülfel, Brabrink 4	843 47	München-Laim, Landsberger Straße 328	804 51
Köln-Zollstock, Höningerweg 115/31	959 41/42	Wien III, Fasangasse 26	B 585 91

März 1939

EW 3106
maren

LANZ
GESPANNBINDER
MODELL „L"

Sichern die Ernte
Senken die Erntekosten

Gespannbinder L

PD 2515/I

Kapselung der Antriebe
Schutz vor Staub und Sand
Erhöhte Lebensdauer
Verringerter Zugkraftbedarf
Der grosse Fortschritt!

Verwendung von

Rollen- und Kugellagern

hochwertigem Stahl

besonders gehärteten Stahlketten

Hochdruckfettschmierung

in unserem

Leichtzug-Binder

gewährleisten

lange Lebensdauer und große Betriebssicherheit

Was nutzt der Binder?

● **Er sichert die Ernte**

Der Bindereinsatz ist eine Notwendigkeit, denn die Sicherung der Ernte ist nicht nur für den Bauern selbst, sondern für das Volksganze von ungeheurer Bedeutung.

● **Er beschleunigt die Ernte**

Wann drängt sich die Arbeit mehr zusammen als gerade zur Erntezeit? Wenn es gilt, die Wetterlage auszunutzen, muß es da nicht jedem Bauer recht und willkommen sein, schneller und besser fertig werden zu können?

● **Er mindert den Körnerverlust**

Das Reichskuratorium für Technik in der Landwirtschaft berechnet die Verluste bei maschineller Getreideernte auf 2 %; bei Sensenmahd auf 6 %; das bedeutet allein durch die z. Zt. in Betrieb befindlichen Bindemäher eine jährliche Verlustminderung bezw. **Erntegewinn** von etwa **400 Millionen kg.**

● **Er steigert den Ertrag**

Verringerung des Körnerverlustes ist gleichbedeutend mit größerem Erlös, dadurch macht sich der Binder sehr bald bezahlt und wirft um so größeren Nutzen ab.

● **Er erleichtert die Arbeit**

Das Getreide, auch wenn es liegt, es wird sauber geschnitten und selbsttätig gebunden. Fertige Garben verlassen den Binder, die nur zusammengestellt zu werden brauchen. Welche Arbeit dabei eingespart wird, weiß jeder Bauer und jede Bäuerin selbst zu beurteilen.

● **Er entlastet die menschliche Arbeitskraft**

Die Verminderung der hohen körperlichen Beanspruchung des Bauern, seiner Familie und Mithelfer ist gerade während der Erntezeit ein Erfordernis, das unbedingt angestrebt werden muß und durch den Bindereinsatz erreicht wird.

● **Er senkt die Erzeugungskosten**

Die Senkung der Erzeugungskosten ist eine Aufgabe, die der Bauer aus eigener Kraft zu lösen hat. Eine wichtige Handhabe dafür ist vernünftiger Maschineneinsatz.

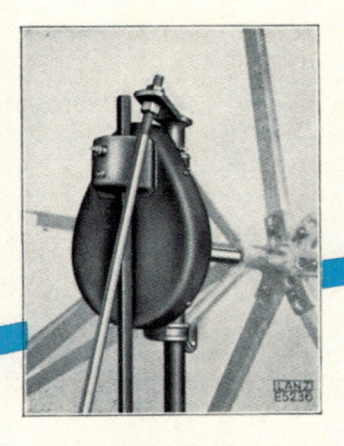

Haspelantrieb oben,
ganz gekapselt

Haspelantrieb unten

Triebwerk am Kopfstück

Besonders saubere Mäharbeit

leistet der LANZ-Schneideapparat durch folgende Vorzüge

Leichte **Einstellbarkeit** und kürzeste **Stoppel**. Tadellose **Messerführung** durch, auswechselbare Stahlreibeplatten.

Finger im Gesenk geschmiedet mit auswechselbaren Stahlplättchen.

Gute **Auflage der Klingen**.

Robuster Messerantrieb durch **Stahlkurbelstange**.

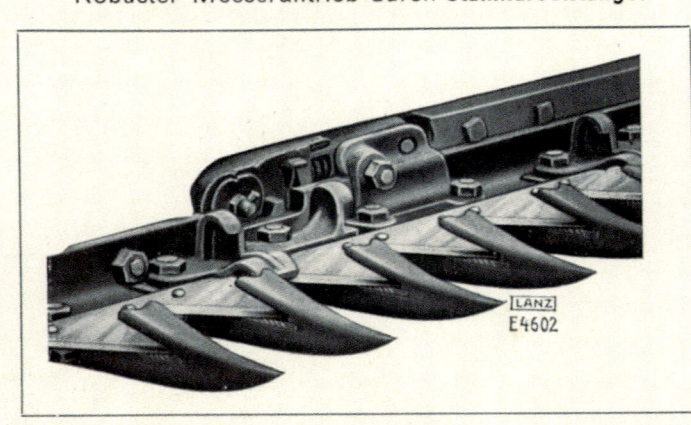

Bei Lagerfrucht keine sorgenvollen Betrachtungen mehr

Mühelose **Anbringung** von **Ährenhebern** an Halteösen auf den Druckdaumen, keine Demontage von Fingern.

Neuer, verbesserter **Torpedo-Aufsatz**, in der Höhe sowie seitlich **verstellbar**. Die **bewegliche Spitze** paßt sich den Bodenunebenheiten an.

Die Form wurde **breit** gehalten, um auch zusammenhängendes Lagergetreide mit Sicherheit trennen zu können.

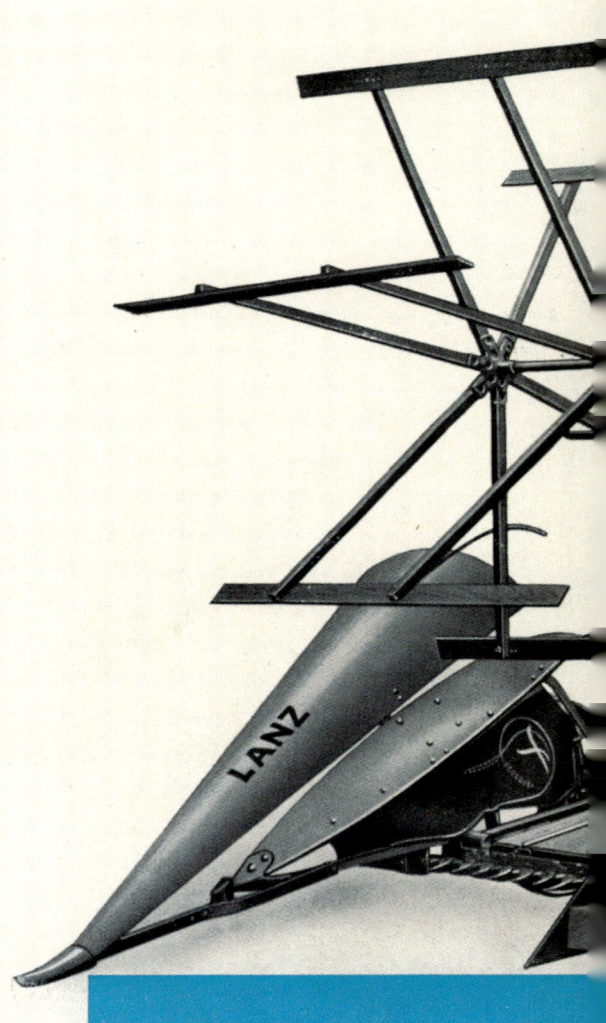

LANZ-G

Der geräumige Durchgang des Elevators

dessen Oberseite federnd nachgibt, läßt auch die größten Getreidemengen ohne Hemmungen zum Bindeapparat gelangen.
Auch das längste Getreide passiert **ohne Körnerverlust** und ohne Knicken des Strohes den 1870 mm breiten Durchgang.

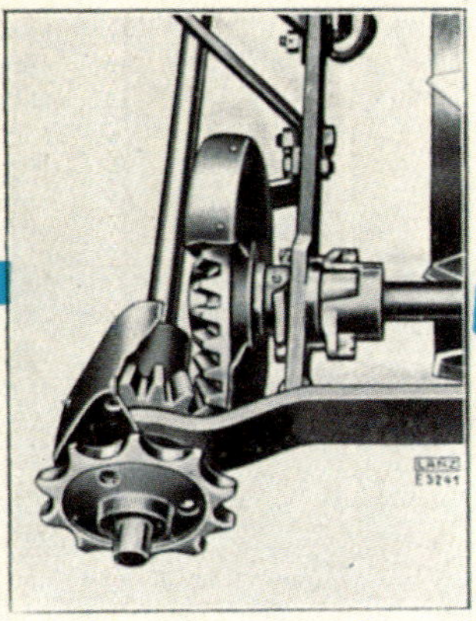

Die Bindertücher

bestehen aus geprüftem, **scheuerfestem Gewebe**, dessen Güte über die der üblichen Handelsqualität weit hinausgeht. Die **Spannvorrichtung** ist einfach in Bedienung u. Wartung. Die Tuchwalzen der Plattform laufen in widerstandsfähigen Speziallagern, die der Elevatoren in Rollenlagern.

Vorgelege-Antrieb (aufgebrochen dargestellt)

Völlige Bindesicherheit

durch den tausendfach erprobten und unter sämtlichen Fruchtverhältnissen zuverlässig arbeitenden Bindeapparat – nach Belieben lockere, feste, dicke und dünnere Garben.
Bindung an der gewünschten Stelle auch bei langem Roggen oder bei kurzer Gerste.
Zweckmäßige **Abstreifer** verhindern das Einziehen von Garben in den Bindeapparat. **Zentralölschmierung** am Knüpferbock. Eine rotierende, mit Tropföl getränkte **Bürste** reinigt und schmiert die Knüpferschaltscheibe.
Der **Schneckenantrieb** ist durch **Kapselung** geschützt und läuft im **Fettgehäuse**.

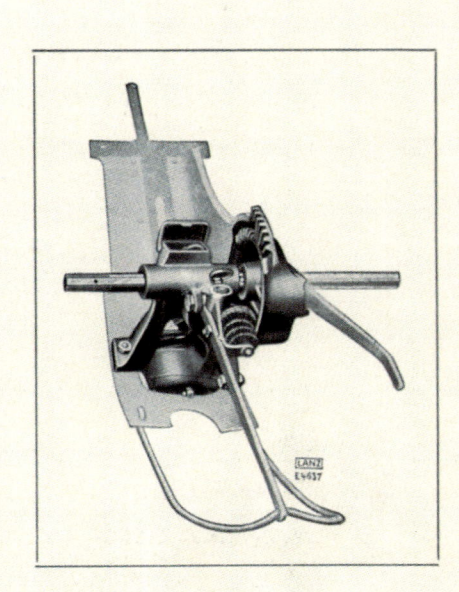

Der leicht verstellbare Haspel

ist in seinen **Antriebsteilen gekapselt**.

Für leichte Böden

wird als Sonderausrüstung das extra breite 310 mm Hauptrad geliefert — das normale ist 280 mm breit —. Der vorzügliche Wirkungsgrad dieser Radausführung sichert auch auf fließenden Böden saubere Arbeit, Leichtzügigkeit und Betriebssicherheit.

pannbinder „L"

So urteilt die Praxis:

Der von Ihnen bezogene **Lanz-Leichtbinder** ist sehr zu meiner Zufriedenheit ausgefallen. Die Maschine arbeitet sehr gut und ist leicht zu fahren. Auch bei **Lagergetreide** hat sich der Binder bestens bewährt. Die Maschine ist kräftig gebaut und darum ist eine lange Lebensdauer gesichert.

Werde Ihren Binder jedem Berufskameraden auf's Beste empfehlen.

Leiblfing, den 4. September 1936.   **Joseph Hiergeist**
Bauer

Ich habe dieses Jahr von der Firma Heinrich Braunhardt in Grossengottern einen **5′ LANZ-Binder,** links, gekauft, mit dem ich sehr zufrieden bin. Ich habe trotz der schwierigen Ernte und der starken Lagerfrucht sämtliches Getreide mit meinen beiden mittleren Pferden gebindert. Ich kann weiterhin den 5′ Binder-LANZ meinen Berufsgenossen nur empfehlen.

Bothenheilingen, den 1. Sept. 1936.   gez. **Alfred Hinsching**
Kreis Langensalza

Ich bin mit dem im Jahre 1935 gekauften **Lanz-Leichtzugbinder 5′** sehr zufrieden. Derselbe ist leichtzügig für 2 Pferde und arbeitet bei Lagerfrucht wie normal, sehr gut. Im Binden ist der Binder sehr vorzüglich. Ich kann denselben jedem Bauern empfehlen.

Roxheim, den 18. September 1936.   **Edmund Vogel**
Bauer

Betr. Lieferung eines **Lanz-Gespannbinders L 5′** linksschneidend am 7. Mai 1936 kann ich Ihnen die Mitteilung machen, daß die Leistung des genannten Garbenbinders **vorzüglich** war. Ich habe mein ganzes Korn mit meinen 2 Pferden alles von einer Seite mähen müssen, weil alles runter lag. Wegen der Leichtzügigkeit des Garbenbinders ist es meinen 2 Pferden nicht schwer geworden, den Lanz-Gespannbinder L 5′ linksschneidend zu ziehen.

Georgendorf, den 16. September 1936.   **Fr. Kohrt**
bei Sponholz   Landwirt

Mit dem von Ihnen im vorigen Jahr gekauften **Leichtbinder Modell L 5′** bin ich sehr zufrieden. Ich habe selbigen bei starkem Lagergetreide zweispännig gefahren, wobei ich seinen leichten Gang feststellen konnte. Der Bindeapparat arbeitete vorzüglich bei stehendem und auch bei Lagergetreide. Auch bei langem Roggen arbeitete er sehr zufriedenstellend. Ich stelle sogar fest, wo der Getreidemäher nichts schafft, dort arbeitet der Binder gut, sodaß ich meinen Berufsgenossen diesen Leichtbinder nur auf das beste empfehlen kann.

Wettschütz, den 1. Januar 1936.   **Willi Habricht**
Bauer

Es ist mir ein Bedürfnis Ihnen mitzuteilen, daß der mir von Ihnen gelieferte **Lanz-Leichtbinder 5′** tadellos funktioniert.

Mit dem Binder ist eine große Arbeitsersparnis erzielt worden, was mir speziell im Hinblick auf die diesjährige durch die Unbill der Witterung verzögerte Ernte von Nutzen war.

Ich bestätige auch, daß Sie als Fachmann mein Personal einwandfrei eingearbeitet haben. Ich stelle Ihnen frei, von dieser Mitteilung jedweden Ihnen genehmen Gebrauch zu machen.

Staffelstein, den 4. Okt. 1936.   gez. **Ambros Brütting-Bräu**
Unterschrift

Ich habe bis jetzt einen . . . . . -Binder gehabt. Meine Pferde mußten sich, wie man so sagt, die Zunge aus dem Halse ziehen. Mit Ihrem **Lanz-Leichtbinder** habe ich bereits meine Gerste und ganz wüsten Roggen und Lagerfrucht geschnitten. So etwas von Leichtzügigkeit habe ich mir bestimmt nicht vorgestellt. Während wir sonst mit 3 oder 4 Pferden geschnitten haben, können wir jetzt mit zwei älteren Pferden und einem zweijährigen Pferd, welches zum ersten Mal arbeitet, sehr gut schneiden, ohne daß die Pferde ins Schwitzen kommen.

Ich kann und werde den **Lanz-Leichtbinder** nur empfehlen.

Datteln-Meckinghofen, den 30. Juli 1936.   **Hans Bißmann**
Landwirt

Teile hierdurch mit, daß ich mit dem in diesem Sommer gekauften **Bindemäher Fabrikat „Lanz" Modell L 5 Fuß** Schnittbreite voll und ganz zufriedengestellt bin. Die Konstruktion ist so einwandfrei, daß ich mich ohne jegliche Hilfe in allem zurecht finden konnte. Vor allem gute Bindesicherheit leistete die Maschine, was ja auf guten Knüpfapparat zurückzuführen ist. Ich habe alle Getreidearten gemäht und sehr viel mit 2 Pferden, da selbige leichtzügig arbeitet, ich kann die Maschine jedem Berufskollegen nur empfehlen, denn ich habe, was weiter noch zu beurteilen ist, eine stramme Ernte mit wenig Arbeitskräften bergen können.

Langneundorf, den 20. September 1936.   **Gotthard Görlach**
Kr. Löwenberg/Schles   Bauer

LANZ Gespannbinder „L"

Nr. 50 = ca. 1,50 m (5′) Schnittbreite – rechts- od. linksschn. – Betriebsgewicht 650 kg

---

Sonderausrüstungen gegen Mehrpreis:

Gewölbtes Hauptrad, Rollenkette, 2. Sitz   Garbensammler, Körnersammler

Aehrenheber für Lagergetreide   Bindervorderwagen

Eckgarbenträger   Siehe Sonder-Prospekt

HEINRICH **LANZ** MANNHEIM
AKTIENGESELLSCHAFT

Fernruf: 34411 · Drahtanschrift: Lanzwerk Mannheim · Drahtanschrift für die Lanz-Zweigstellen: „Lanzwerk"

Zweigstellen:	Fernruf:		
Berlin W 9, Bellevuestraße 10	Kurfürst 9226	Köln-Zollstock, Höninger Weg 115/31	95941/42
Breslau 13, Kaiser-Wilhelm-Straße 35	38221	Königsberg i. P., Bahnhofwallstraße	Pregel 41135
Hannover-Wülfel, Brabrink 4	84347	Magdeburg, Listemannstraße 17	22341/43
		München-Laim, Landsberger Straße 328	München 80451

Verwende nur Lanz-Original Ersatzteile!

LANZ Ersatzteilelager sind im ganzen Reich verbreitet
LANZ Ersatzteilelager sind reichhaltig ausgestattet
LANZ Ersatzteile sind infolgedessen sofort erhältlich
LANZ Ersatzteile passen stets genau
LANZ Ersatzteile sind aus vorzüglichem Material

PD 2515/I

PD 2282

Der robuste Garbenbinder für schwere Beanspruchung

MODELL „H"

5′ . . . . . . = 152 cm
6′ . . . . . . = 183 cm
links- und rechtsschneidend

LANZ *Garbenbinder*

Dieser völlig betriebssichere, seit Jahren als einwandfrei anerkannte H-Binder erhält

durch Kapselung der Antriebe höchste Lebensdauer!

Der zerstörende Einfluß von S...
Kapselun
Rollen und Ku
Verwendung von Lanz-
Hochdru
an allen wichtigen Lagern und Gelenkstellen. Die
Verwend
gehärte
deren Spannu

Besonders saubere Mäharbeit

des **Schneideapparates** wird durch folgende Vorzüge erzielt:
Leichte **Einstellbarkeit** auf kürzeste Stoppel. Finger im Gesenk geschmiedet mit auswechselbaren Plättchen.
Tadellose **Messerführung** durch auswechselbare Stahlreibeplatten mit Druckdaumen.
Gute **Auflage der Klingen**.
Robuster **Messerantrieb** durch Stahlkurbelstange.

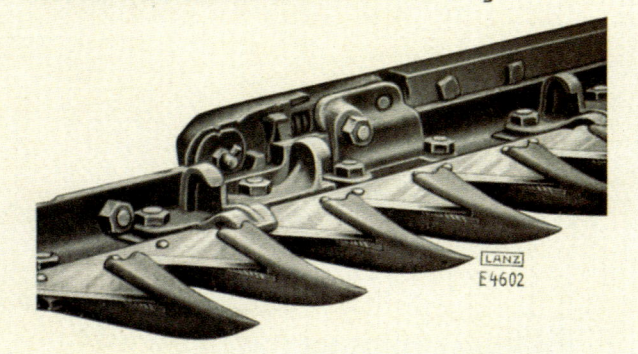

Vorzügliche Helfer bei Lagerfrucht

sind **Torpedo-Aufsatz** und **Aehrenheber**.
Der Torpedo-Aufsatz ist zur leichten und sicheren Trennung von zusammenhängendem Lagergetreide breit gehalten. Seine Spitze ist beweglich und paßt sich den Bodenunebenheiten an. Er ist hoch und tief sowie seitlich verstellbar eingerichtet.
Die Aehrenheber sind an Halteösen der Druckdaumen ohne Demontage von Fingern mühelos anzubringen.

Störungsfreie Förderung sämtlicher Getreidearten

durch den federnd gelagerten Elevator mit seinem breiten, geräumigen Durchgang von 1870 mm Höhe.
Keine Störung, kein Aehrenverlust auch beim längsten Roggen.

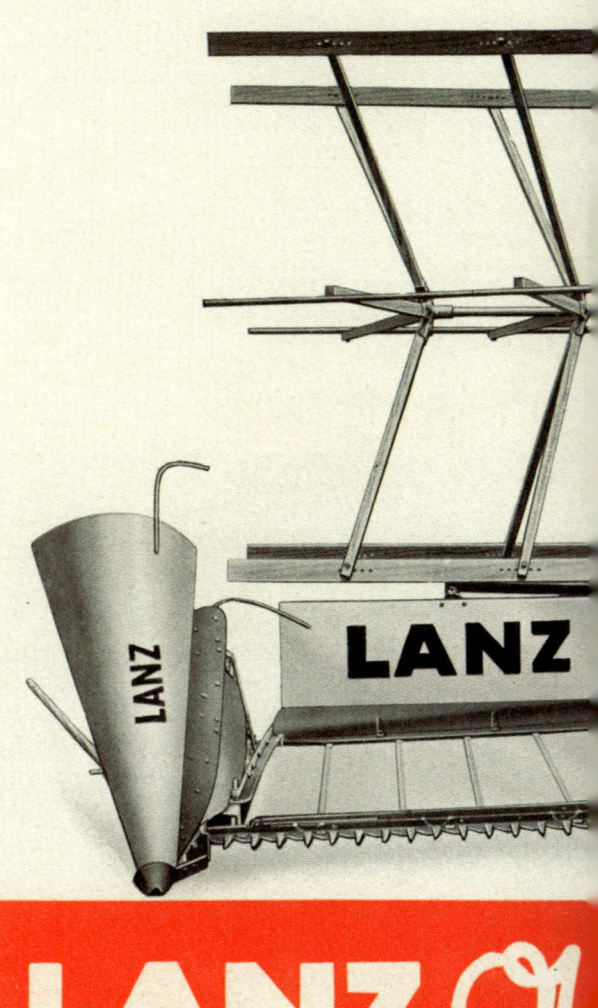

LANZ

Haspelantrieb oben,
ganz gekapselt.

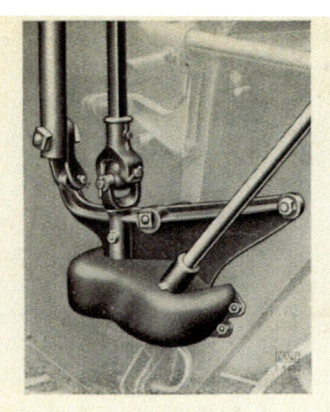

Haspelantrieb unten

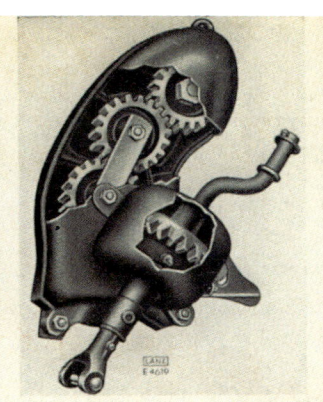

Triebwerk am Kopfstück
(aufgebrochen dargestellt).

Vorgelege-Antrieb
(aufgebrochen dargestellt).

…nd, Stroh usw. wird durch die
… Antriebe
…tet,
…er im Getriebe,
… und hochwertigem Stahl,
…chmierung
…ellen liegen geschützt, sind aber bequem zugänglich.
…besonders
…ahlketten
…n regulierbar ist.

Die Bindertücher

bestehen aus geprüftem, **scheuerfestem Gewebe,** dessen Güte über die der üblichen Handelsqualität weit hinausgeht. Die **Spannvorrichtung** ist einfach in Bedienung und Wartung.

Die Tuchwalzen der Plattform laufen in widerstandsfähigen Speziallagern, die der Elevatoren in Rollenlagern.

Der Haspel

ist je nach dem Stand des Getreides einfach zu verstellen. Die Antriebsteile sind in Lanz-Perlit ausgeführt.

Niemals versagende Bindung

durch den tausendfach erprobten und unter allen Fruchtverhältnissen zuverlässig arbeitenden **Bindeapparat.**

Die **Verschiebbarkeit** läßt die Bindung der Garben an der günstigsten Stelle zu, auch bei längstem Roggen oder kurzem Hafer.

Die **Einstellbarkeit** ermöglicht locker oder festgebundene, dicke oder dünne Garben.

Zweckmäßige **Abstreifer** vermeiden das Mitnehmen der Garben in den Bindeapparat.

Zentralölschmierung versorgt sämtliche Lagerstellen des Knüpferbocks.

Eine **rotierende Bürste** mit Tropföl getränkt, reinigt und schmiert die Knüpferschaltscheibe.

Der **Schneckenantrieb** ist durch **Kapselung** geschützt und läuft im **Fettgehäuse.**

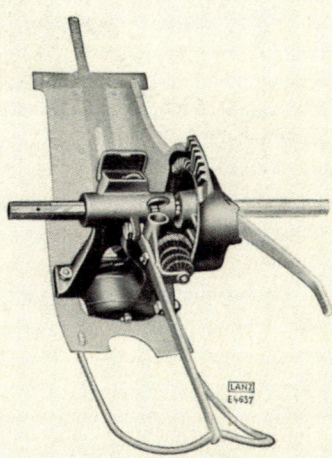

Leichtzügigkeit und gleichmäßiger Antrieb

durch das **breite, stabile Hauptrad** mit griffigen Winkelgreifern, durch **geringen Reibungswiderstand** der ausgiebig verwendeten und **stark dimensionierten Rollen- und Kugellager.**

83

Schnittbreite	Ausführung	Gewicht
5' = 152 cm	links- und rechtsschneidend	730 kg
6' = 183 cm		740 kg

Sonderausrüstungen
gegen Mehrpreis:
Aehrenheber für Lagergetreide
Eckgarbenträger
Bindervorderwagen

Urteile aus der Praxis:

Auf Ihr Schreiben vom 28. 7. 34 teile ich Ihnen hierdurch mit, daß ich mit dem von Ihnen gelieferten **Binder — Mod. H 5'** rechts mit Vorderwagen — außerordentlich zufrieden bin. Habe sogar zweispännig gehauen, während ein Ackernachbar mit seinem Binder den Trecker zu Hilfe holen mußte, da sich sein Binder total im Sande vergrub.

Beuthen, den 3. 9. 34.   gez. **Fritz Weigelt.**
Bahnhofstraße 6.

Ihrem Wunsche gemäß bestätige ich Ihnen gern, daß ich mit dem von Ihnen gelieferten **Lanz-Garbenbinder, rechtsschneidend** sehr zufrieden bin. Derselbe arbeitete vom ersten Tage an ohne Tadel. Lagergetreide habe ich mit demselben sehr gut gemäht. Sogar Gemenge von Hafer, Peluschken, Wicken, Erbsen und Sojabohnen habe ich zur Zufriedenheit gemäht. Ohne eine Störung hat er die ganze Ernte gearbeitet.

Zobten, den 18. September 1932.   **Georg Klose**
Gutsbesitzer.

Der **Garbenbinder Lanz, Modell H 6'** links zeigte auffallende Leichtzügigkeit. Die Maschine ist leicht zu schmieren und überhaupt praktisch in der Handhabung. Der Knüpfer hat nie versagt. Die Neuerung am Knüpfer bzw. auch dessen Schmierung und Reinigung mittels der rotierenden Bürste hat sich bestens bewährt.

Ich darf alles in allem erklären, daß der Lanz-Binder die ganze Ernte 1933 in jeder Hinsicht zu meiner größten Zufriedenheit gearbeitet hat. Jedem Berufskollegen kann ich die Maschine bestens empfehlen. Sie hat bei Schlepper- oder Pferdezug gleich gute Arbeit geleistet.

Leuthen, den 10. November 1933.   **Otto Scholz**
Gutsbesitzer.

Wir besitzen hier als Bauern ein Arbeitsgebiet, wie es wohl viele Berufskollegen nicht kennen, aber auch unter diesen Verhältnissen der verschiedensten Bodenarten und der gebirgigen Lage bin ich mit meinem durch die Maschinenfabrik Tremersdorf bei Coburg bezogenen **Lanz-Garbenbinder Mod. H 5'** recht zufrieden. Mit zwei Pferden ging die Maschine noch, ohne die Tiere zu wechseln, anstrengungslos. Am Knüpfer und am übrigen Mechanismus hatte ich keinerlei Anstand und wurde wirklich gute Bindung erzielt. Auch bei ganz langem Korn auf leichtem Sandboden war die Arbeitsweise der Maschine erstklassig und kann nur ein gutes Zeugnis ablegen.

Rottenbach b. Eisfeld i. Bay.,   gez. **Reinhold Meyer**
im September 1934.   Bierbrauerei und Landwirt.

Verwende nur Lanz-Original Ersatzteile!

Lanz Ersatzteilelager sind im ganzen Reich verbreitet.
Lanz Ersatzteilelager sind reichhaltig ausgestattet.
Lanz Ersatzteile sind infolgedessen sofort erhältlich.
Lanz Ersatzteile passen
und sind aus erstklassigem Material.

HEINRICH LANZ MANNHEIM
AKTIENGESELLSCHAFT

LANZ

Bauern-Zugschnellen-Binder

Sichern die Ernte, steigern den Ertrag

Auf jeden Bauernhof,

in dem ein Bauern-Bulldog Verwendung findet, gehört auch ein

LANZ *Bauern-Zapfwellen-Binder* SB 50

Der Zapfwellenbinder ist die richtige Folgemaschine für den Schlepper. Es ist falsch, den Schlepper etwa in gleicher Weise wie Gespanne, also nur zum Zuge zu verwenden: die Kraft zum Antrieb des Binders steht praktisch kostenlos zur Verfügung.

Die Vorteile des Zapfwellenantriebes kommen besonders beim Mähen von Lagergetreide zum Ausdruck, denn der **Zapfwellenbinder** kann selbst **bei stark liegender Frucht noch einwandfrei arbeiten,** während beim Gespannbetrieb unter solchen ungünstigen Verhältnissen sich Schwierigkeiten dadurch ergeben, daß die angestrengten Pferde im Zug nachlassen, wodurch die Mäharbeit beeinträchtigt wird.

Im Gegensatz hierzu steht beim Zapfwellenantrieb immer genügend Antriebskraft zur Verfügung. Man kann langsamer fahren und trotzdem die gleichen Geschwindigkeiten aller angetriebenen Binder-Organe beibehalten.

Der Antrieb des Binders beim **Zapfwellenantrieb** erfolgt auch unter ungünstigen Boden- oder Mähverhältnissen **störungsfrei,** da das Hauptrad lediglich als Stützrad dient und man nicht der Gefahr ausgesetzt ist, daß durch Rutschen des Hauptrades Störungen im Binderantrieb erfolgen.

Durch den **Zapfwellenantrieb** kommt eine Beschädigung der Untersaat durch Rutschen des Binder-Hauptrades nicht in Frage, da das Hauptrad dann keine Kraft mehr zu übertragen hat, sondern lediglich einen Teil des Maschinengewichtes trägt.

Die gleiche entscheidende Bedeutung, die der Schlepper für die Steigerung der Leistungsfähigkeit des ganzen Betriebes hat, besitzt der Zapfwellenbinder für die Erleichterung, Beschleunigung und Sicherstellung der Ernte.

Die Schnittbreite mit 5′ = 1,50 m liegt bei diesem LANZ-Bauern-**Zapfwellenbinder** SB 50 für die hohe Arbeitsgeschwindigkeit des 20 PS LANZ-Bauern-Bulldog **außerordentlich günstig**, wodurch eine **sehr große Flächenleistung** erzielt wird. **Die Leistungsfähigkeit ist größer, als im bäuerlichen Betrieb eigentlich notwendig ist.**

Ein Vergleich des 5′-LANZ-Zapfwellenbinders mit einem 6′-Gespannbinder ist also durchaus abwegig, denn der 5′-Zapfwellenbinder leistet mehr und bessere Arbeit.

Der Zapfwellenbinder leistet mehr als das Doppelte des Gespannbinders gleicher Schnittbreite. Seine Leistung ist so groß, daß sie selbst von Gespannbindern mit größerer Schnittbreite weder erreicht noch übertroffen wird.

Mit dem LANZ-Bauern-**Zapfwellenbinder** kann **die Ernte schneller als bisher unter Dach** gebracht werden.

Ihr LANZ Bauern-

besitzt folgende besonderen Vorteile:

1 Der Binder wird mit einem stabilen Stahl-Anhängedreieck an die Zugmaschine gekuppelt. Das Anhängedreieck trägt die Gelenkwelle, welche mit einer Rutschkupplung ausgerüstet ist. Diese Rutschkupplung sichert die gesamte Maschine vor Überbeanspruchung.

2 Der Rahmen des **LANZ**-Zapfwellen-Binders S B 50 ist aus hochwertigem Stahl elektrisch geschweißt und weist eine außerordentliche Festigkeit auf. Das Hauptrad ist groß bemessen und verhindert auch auf weichen Böden ein Einsinken der Maschine.

3 Die Stahl-Kurbelwelle läuft auf Doppelpendel-Kugellagern, wodurch die Gewähr gegeben ist, daß an dieser Welle, die die gesamte Kraft für den Antrieb des Binders aufnehmen muß, keine Störungen auftreten können.

4 Das Schneidwerk des Binders ist mit im Gesenk geschmiedeten, hochwertigen Stahlfingern ausgerüstet, die mit gehärteten, auswechselbaren Fingerplättchen versehen sind.

LANZ-Maschinen sichern die Ernte, vermindern das

Hochschnellen-Binder SB 50

Der Antrieb von Plattform, Elevator, Haspel und Binderrahmen erfolgt mittels einer Präzisions-Stahlrollenkette, die allen Beanspruchungen gewachsen ist und eine große Lebensdauer aufweist.

Zum Zwecke einer guten Bewältigung schwersten Getreides ist die Plattformhinterseite tief gelegt, besitzt der Elevator große Abmessungen und ist der Hauptrohrbogen weit nach hinten ausgeschwungen, um auch sehr langem Getreide einwandfreien Durchgang zu gewähren.

Der Knüpferrahmen ist durch eine besondere, einstellbare Rutschkupplung vor Überbeanspruchungen geschützt. Das Knüpferböckchen besitzt **LANZ**-Patent-Zentralschmierung und Fettölbad für den Fadenhalter-Schneckenantrieb.

Der vorzeitige Verschleiß der Antriebsteile wird verhindert und eine lange Lebensdauer des Binders wird gewährleistet durch **Staubschutzkapselungen an allen wichtigen Antriebsteilen,** wie: Haspelantrieb unten, Haspelantrieb oben, Elevatorkopfstück.

…terisiko, verringern die Verluste und steigern den Ertrag

ein neuer Beweis für die fü

LA

...rende Stellung des LANZ Erntemaschinenbaues

Der **LANZ**-Zapfwellen-Binder SB 50

ist entwickelt worden auf Grund der mit LANZ-Gespann- und Schlepperbindern gemachten langjährigen Erfahrungen. LANZ-Bindemäher haben sich überall bewährt und hervorragende Arbeitsleistungen gezeigt, in trockenen und nassen Erntejahren, im stehenden wie im Lagergetreide. Wie alle LANZ-Maschinen trägt auch dieser neue 5'-Bauern-Zapfwellen-Binder das Merkmal

LANZ-Qualität

LANZ-Binder werden in unserem Spezialwerk Zweibrücken gebaut, das ausschließlich der Herstellung von Erntemaschinen dient. Dieses Werk ist nach neuzeitlichsten Gesichtspunkten eingerichtet und verfügt über einen Stamm geschulter, erfahrener Facharbeiter, die jede Gewähr für sorgfältigste Ausführung jeder einzelnen Maschine bieten. Durch die Verwendung ausgesuchter Werkstoffe und die richtige konstruktive Durchbildung werden LANZ-Erntemaschinen

wirklich nutzbringende Werkzeuge des deutschen Bauern

LANZ Bauern-Zapfwellen-Binder SB 50
 Schnittbreite: 1,50 m = 5' links- oder rechtsschneidend
 Ausrüstung: Großer Torpedo-Abteiler, 3 Ährenheber Nr. 1

Sonderausrüstungen   Eckgarbenträger   Körnersammler   Luftbereifung
gegen Mehrpreis   **Gummitücher:** machen Nachspannen unnötig und ziehen sich bei Feuchtigkeit nicht zusammen, haben doppelte Lebensdauer.
Ährenheber besonders lang Nr. 2   Siehe Sonderprospekt

HEINRICH **LANZ** MANNHEIM
AKTIENGESELLSCHAFT

Fernruf 344 11 · Drahtanschrift: Lanzwerk Mannheim · Drahtanschrift für die Lanz-Zweigstellen: „Lanzwerk"

Zweigstellen:	Fernruf:	Zweigstellen:	Fernruf:
Berlin W 9, Bellevuestraße 10	21 92 26	Königsberg i. P., Bahnhofwallstraße	Pregel 411 35
Breslau 13, Straße der SA. 35	382 21	Magdeburg, Listemannstraße 17	223 41
Hannover-Wülfel, Brabrink 4	843 47	München-Laim, Landsberger Straße 328	804 51
Köln-Ehrenfeld, Oskar-Jäger-Straße 143	508 41/42	Wien XXI, Shuttleworthstraße 8	A 61 0 60

EW 3109
mayen

LANZ
Oelbad-Schlepperbinder

*Sichern die Ernte
Senken die Erntekosten*

Ölbad-Schlepperbinder

PD 2540/I

LANZ-Oelbad-Schlepperbinder

Direkter Antrieb des Binders
vom Motor der Zugmaschine aus durch **Zapfwelle**. **Gleichbleibendes Arbeitstempo** des Binders **unabhängig von der Fahrgeschwindigkeit**. **Direkte Kraftübertragung** vom Motor auf den Binder bedeutet **Schonung der Felder mit Untersaat**, weil die Hinterräder der Zugmaschine entlastet werden, so daß kein Schlupf auftritt.

Der wuchtige Hauptrahmen
gibt dem Binder eine Stabilität, die den hohen Anforderungen unter den schwersten Arbeitsbedingungen trotzt. Die große Leistung und die dadurch bedingte Beanspruchung des Schlepperbinders ist nur möglich durch seinen, gegenüber dem Gespannbinder grundlegend verschiedenen, wesentlich kräftigeren Aufbau.

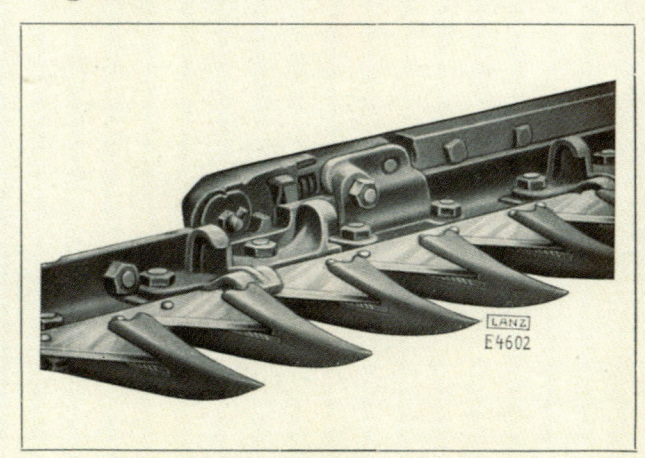

Volle Ausnützung der Arbeitsbreite
des Schneide-Apparates auch bei lockerem Untergrund, feuchtem und lagerndem Getreide. Zapfwellenantrieb ermöglicht die Bewältigung schwierigsten Mähgutes mit Sicherheit, wie nachstehendes Betriebsbild eines Schlepperbinders beim Mähen von Silomais zeigt.

Sicherheits-Kupplung in der Zapfwelle
schont insbesondere den Schneideapparat. **Keine Messerbrüche.**

Präzisions-Schneideapparat!
Finger aus **hochwertigem Stahl im Gesenk geschmiedet**, mit auswechselbaren, gehärteten Plättchen versehen. Tadellose Führung des Messers, durch Stahlreibeplatten. Gute Auflage der Klingen. **Messerkopf** besitzt auswechselbare, **gehärtete Büchse**. Die kräftige Stahlkurbelstange ist am Hakenende sorgfältig **gehärtet** und besitzt ein **nachpaßbares Kurbellager**.

Die Messerkurbelwelle
ist vorn in einem **Doppelpendel-Rollenlager** u. hinten in einem **Doppelpendel-Kugellager** gelagert. Diese Lagerung gibt der Kurbelwelle einen **ruhigen, stoßfreien Lauf** und steigert die Haltbarkeit der übrigen Binderorgane.

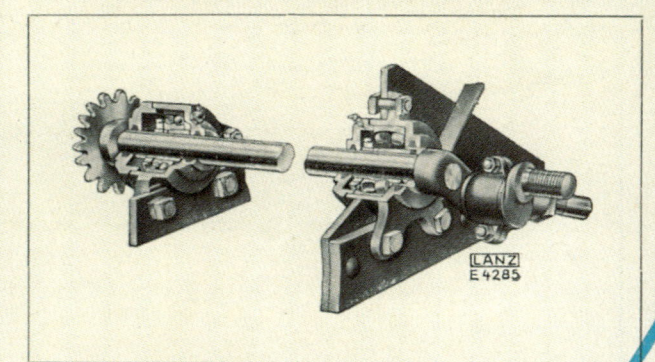

Grosse Durchgänge sichern störungsfreies Arbeiten

Der LANZ-Oelbad-Schlepperbinder ist die beste Mähvorrichtung für Lagergetreide: Aehrenheber sind schnell ohne Demontage von Fingern anzubringen.

Beweglicher, verbreiterter **Torpedoteiler** trennt sicher lange, wirre Lagerfrucht.

Er paßt sich den Bodenunebenheiten an und ist sowohl in senkrechter als auch in seitlicher Richtung verstellbar.

Auf Grund der **gleichbleibenden Geschwindigkeit** der Fördertücher - unabhängig von der Vorwärtsbewegung - und der zweckentsprechenden Formgebung in den **weitbemessenen Förderwegen** bewältigt der LANZ-Oelbad-Schlepperbinder die schwierigsten Lagerstellen, wie das nachstehende Betriebsbild zeigt.

Zentralschmierung

Alle Lagerstellen des Knüpferbockes werden vom Oelbad aus selbsttätig mit Oel versorgt.

Durch die Verlegung der betriebswichtigen Organe in Oelbäder wurde die **Wartung und Pflege sehr vereinfacht.** Die Oelbäder werden nach der Betriebsvorschrift zu Beginn der Ernte mit wenig frischem Oel gefüllt und nur noch von Zeit zu Zeit kontrolliert. Die übrigen Schmierstellen der Maschine sind mit Nippeln für Fettdruckschmierung eingerichtet.

Die Packer-Kurbelwelle

ist aus **hochwertigem Material.** Packer-Lager und Führungen aus besonders widerstandsfähigem Spezialguß.

Durch eine **vielfache Verstellmöglichkeit** können dicke und dünne, fest- oder lockergebundene Garben erzielt werden. Ungewöhnlich langes, aber auch ganz kurzes Getreide läßt sich an der jeweils gewünschten Stelle binden.

Ruhige reibungslose Kraftübertragung

auf Fördertücher, Bindeapparat und Haspelantrieb vermittelt die auf **gefrästem Stahlgetriebe** laufende **Stahlrollenkette.** Diese Kette hat eine sehr hohe Zerreißfestigkeit und nimmt alle auftretenden Stöße ohne die geringste Gefahr der Beschädigung auf. Spann- und Leitrollen laufen auf Speziallagern. Das große Antriebsrad für den Bindeapparat ist ein Teil der **zweiten Sicherheitskupplung,** welche den Bindeapparat vor Beschädigungen schützt.

Der außergewöhnlich breite und geräumige Elevator mit besonders großbemessener Einzugswalze

bewältigt mühelos die großen Fruchtmengen, die bei der Mähleistung des 7' und 8' breiten Schneideapparates anfallen.

Der große Durchgang des Hauptrohres

läßt das längste Getreide ungeknickt durchwandern.

Fördertücher aus Spezialgewebe oder (gegen Mehrpreis) Gummistoff

werden nach unseren Sondervorschriften angefertigt. Bequem zu bedienende Spannvorrichtung! Tuchwalzen laufen auf Speziallagern.

Das Hauptrad

ist **mit Rollen- und Kugellager** versehen und dient lediglich als Tragrad. Eine breite Felge verhindert das Einsinken auch auf losem Boden und starke Spurringe das seitliche Rutschen. Die verstellbare Abstreifvorrichtung säubert die Felgen von anhaftender Erde.

500 Morgen in 10

Oelbadkapselung bedeutet die letz

Oberer Haspelantrieb
Zahneingriff nachstellbar

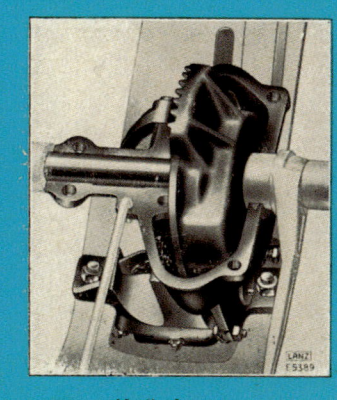

Knüpfapparat
Neuartige, waagerechte Teilung des Gehäuses erleichtert Montage und Kontrolle

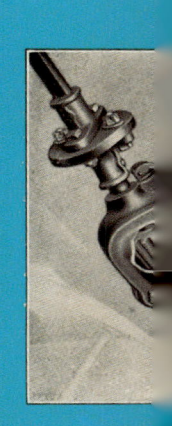

Untere
Oe
gleichzeitig kr

5 Oelbadkapselungen schützen vor Sta

ntetagen, das heißt:

Ausnutzung der besten Wetterlage und des günstigsten Reifezustandes

Verkürzung der Erntezeit

Senkung der Erntekosten

Minderung des Ernterisikos

Geringster Körnerverlust

ervollkommnung an dieser bewährten Maschine

trieb
für Haspel

Triebwerk am Kopfstück
Einfach, übersichtlich und betriebssicher

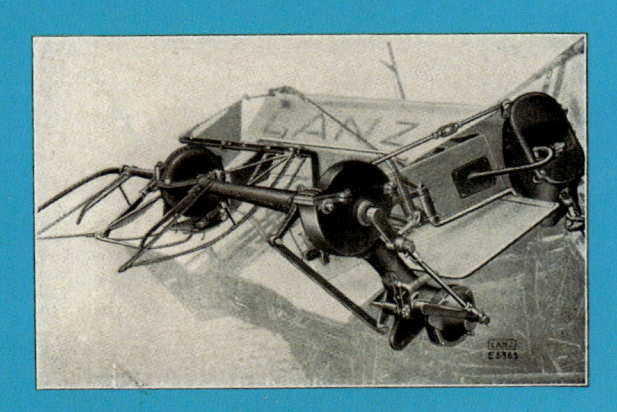

Knüpferrahmen
mit Kapselung der Antriebe. Den großen Beanspruchungen entsprechend kräftig gebaut

nd Sand, erhöhen Betriebssicherheit und Lebensdauer

So urteilt die Praxis:

.... Dasselbe Urteil habe ich von Ihren Schlepperbindern Nr. **4761** und **4765** mit Oelbadgetriebe. Ich habe die beiden 8' Binder mit der Lythall'schen Kupplung versehen und hat sich dieses sehr gut bewährt. Sobald die Maschinen richtig eingestellt waren, haben sie ohne Störung vorzügliche Arbeit geleistet; auch in schwerem Lager. Hierfür zeugt, daß ich auf dem letzten Binder nur einen Mann zur Beobachtung hatte. **Durch die Oelbadgetriebe ist die Wartung dermaßen vereinfacht,** daß hierdurch nur geringer Aufenthalt entsteht und ich am Tage glatt **100 Morgen sauber abgemäht** habe. Der Verschleiß an den Maschinen ist somit ganz geringfügig, da die **schmirgelnde Einwirkung durch Staub gänzlich unterbunden ist.**

Die Erfahrungen, die ich mit den Bindern gemacht habe, sind die besten und ich habe **bereits die 4. Maschine** bestellt.

Billberge bei Stendal, den 8. März 1936.   **Rusche**
Rittergutsbesitzer

Ich habe durch Vermittlung der Fa. Fr. Wilhelm Zimmermann im Jahre 1935 von der Firma Heinrich Lanz einen **Oelbad-Zapfwellenbinder** bezogen, welcher in der diesjährigen Ernte einwandfrei und zu meiner vollsten Zufriedenheit gelaufen ist. Die durch wochenlange Trockenheit und Hitze hervorgerufene abnormale Staubentwicklung hat der Arbeit des Binders keinen Abbruch tun können und war der Verschleiß gegenüber den Zapfwellenbindern früherer Bauart bedeutend geringer, obwohl die Anforderungen in diesem Jahr nicht nur durch den Staub, sondern auch durch die Masse des sehr dick stehenden Getreides so hoch waren, wie kaum je. Infolge Fußkrankheit hatten sich meine Felder zum Teil stark gelagert, trotzdem war es mir mit dem neuen Zapfwellenbinder möglich, sämtliche Schläge ringsherum zu mähen. Wenn die Maschine nicht nur im ersten Jahre, sondern weiter so gut arbeitet, bedeutet sie wirklich einen großen Fortschritt für die Landwirtschaft.

Löbnitz, den 23. Oktober 1935.   **Herbert Bennecke**
Rittergutsbesitzer

Auf Ihre Anfrage vom 14. 9. 36 betreffend 8 Fuß Lanz-Schlepperbinder, welchen wir von Ihnen dieses Jahr bezogen, zur Mitteilung, daß wir mit demselben recht zufrieden sind und ihn nur anschafften, da wir mit dem vor 2 Jahren gekauften Binder gute Erfahrungen gemacht haben.

Trotz des diesjährigen ungünstigen Erntewetters und Lagerung des Getreides, haben die Binder den gestellten Anforderungen ohne weiteres entsprochen und so das Ernte-Risiko bedeutend herabgemindert.

Koschpendorf,   Dominium Koschpendorf/Kr. Grottkau
den 18. September 1936.   **Pöhl**
Inspektor

Ich erhielt im Frühjahr d. J. von der Heinrich Lanz A.-G. einen **30 PS Bulldog mit Ackerluftbereifung** und weil mich die Maschine sehr befriedigt, kaufte ich mir einen **Oelbad-Schlepperbinder 8'.** Die Maschinen haben mir zur Einbringung der Ernte bei der diesjährigen anormalen schlechten Witterung unschätzbare Dienste geleistet. **Trotz der starken Lagerung des Getreides, das zum Teil wie gewalzt kreuz und quer am Boden lag, konnte mit dem Schlepperbinder alles gemäht werden.** Wir mußten infolge des trostlosen Wetters auch zum Mähen hinausfahren, wenn das Getreide noch ganz feucht war. Dank des Gummituches, das sich gut bewährt hatte, **ging es tadellos.** Ich war erstaunt, daß **bei solcher Lagerfrucht niemals ein Versagen des Bindeapparates** vorkam.

Der Binder ist einfach, stark solide gebaut und hält stärksten Anforderungen stand. Die Bedienung ist einfach.

Ich bin mit der Lieferung vollkommen zufrieden.

Innerhienthal, den 5. September 1936.   **Joh. Berg**
bei Straubing   Gutsbesitzer

LANZ-Oelbad-Schlepperbinder

Nr. 70 = ca. 2,10 m (7') – links- oder rechtsschneidend – Betriebsgewicht etwa 1370 kg
Nr. 80 = ca. 2,40 m (8') – links- oder rechtsschneidend – Betriebsgewicht etwa 1400 kg

---

Sonderausrüstungen gegen Mehrpreis:

Gummitücher: machen Nachspannen unnötig und ziehen sich bei Feuchtigkeit nicht zusammen.

Körnersammler, Lasche zur Anhängung eines 2. Binders.

Anhängevorrichtung mit Steuer für 2. Binder.

Garbenzähler mit zuverlässigem Zählwerk, das über den Garbenertrag genauen Aufschluß gibt.

HEINRICH LANZ MANNHEIM
AKTIENGESELLSCHAFT

Fernruf: 34411 · Drahtanschrift: Lanzwerk Mannheim · Drahtanschrift für die Lanz-Zweigstellen: „Lanzwerk"

Zweigstellen:	Fernruf:
Berlin W 9, Bellevuestraße 10	Kurfürst 9226
Breslau 13, Kaiser-Wilhelm-Straße 35	38221
Hannover-Wülfel, Brabrink 4	84347
Köln-Zollstock, Höningerweg 115/31	95941/42
Königsberg i. P., Bahnhofwallstraße	Pregel 41135
Magdeburg, Listemannstraße 17	22341/43
München-Laim, Landsberger Straße 328	München 80451

Verwende nur Lanz-Original Ersatzteile!

LANZ Ersatzteilelager sind im ganzen Reich verbreitet
LANZ Ersatzteilelager sind reichhaltig ausgestattet
LANZ Ersatzteile sind infolgedessen sofort erhältlich
LANZ Ersatzteile passen stets genau
LANZ Ersatzteile sind aus vorzüglichem Material

PD 2540/I

LANZ

Hanf-Binder

Saubere Arbeit – große Leistung

Durchstarker Hanfanbau – ein Gebot der Zeit!

denn der Hanf hat sowohl für unsere Rohstoffwirtschaft im allgemeinen wie für die Landwirtschaft im besonderen eine außerordentlich große Bedeutung. Hanf ist ebenso wichtig als Faserstoff wie als Ölpflanze und vor allem berufen, in der Spinnstoffgewinnung eine noch vorhandene Lücke zu schließen. Deshalb soll und muß der Hanfanbau mit allen Mitteln gefördert werden.

Die Bedeutung des Hanfanbaus für die Landwirtschaft ergibt sich einmal aus der besseren Bodennutzung vieler minderwertiger Grünlandflächen, da in erster Linie Niederungsmoore und anmoorige Böden für den Anbau in Frage kommen. Hanf kann zweimal hintereinander angebaut werden und bringt dazu den Vorteil, daß er das Feld vollkommen unkrautfrei und in gutem Garezustand hinterläßt.

Zwar stellen Bodenbearbeitung und Aussaat keine ungewöhnlichen Ansprüche an den Arbeitsbedarf, aber die notwendige Ausweitung des Hanfanbaues scheiterte an den Ernteschwierigkeiten, solange geeignete Erntemaschinen nicht zur Verfügung standen, ein Mangel, der die Hanfernte durch ihr Zusammentreffen mit der Kartoffelernte im September zu einer unerwünschten Arbeitsspitze werden läßt.

Tagesleistung: 35–40 Morgen bei 10 stündiger Arbeitszeit

Sauber gebundene Garben tadellos abgelegt

Diesen volkswirtschaftlichen und betriebswirtschaftlichen Bedürfnissen wird

der **LANZ**-Hanfbinder

in hervorragender Weise gerecht; er ist auf Grund mehrjähriger eingehender Versuche in der Praxis und deren technisch-wissenschaftlicher Auswertung aus dem bewährten, im In- und Auslande wegen seiner großen Betriebssicherheit bekannten **LANZ**-Ölbad-Schlepperbinder entwickelt und auf die besonderen Beanspruchungen abgestellt worden, die der Bindereinsatz bei der Hanfernte mit sich bringt.

Da der Anfall von Hanf selbst auf ein und demselben Feld sehr verschieden und der Hanf durch seine Größe im Fallen sehr träge ist, wird ein guter Schnitt nur mit großer Fahrgeschwindigkeit erreicht. Deshalb erachtet **LANZ** einen Zapfwellenbinder als das allein Gegebene, zumal dieser auch den Vorteil besitzt, daß man mit Hilfe der Zapfwelle den Binder leer laufen lassen kann, sofern einmal unter sehr ungünstigen Verhältnissen eine Verstopfung auftreten sollte.

Da der **LANZ-Hanfbinder** durch leichtes Abnehmen einer Baugruppe und einfaches Austauschen des Haspels auch sämtliches Getreide mäht, ist auch bei kleineren Hanf-Anbauflächen sein wirtschaftlicher Einsatz sichergestellt.

Vorbildliche Mäharbeit und sauberes Bewältigen der dicht stehenden, meterlangen Frucht

LA

LANZ
E 9744

NZ

DER LANZ-7'-HANF-ZAPF

wird linksschneidend gebaut und hat eine Arbeitsbreite von 2,10 m (7'). Er gestattet das Mähen von Hanf bis zu einer Mähgutlänge von 3,60 m. Durch Abnehmen einer Baugruppe (Zusatztücher und verlängertes Hauptrohr) und Austausch des Haspels kann damit auch jede Getreideart geerntet werden. Die Umstellung läßt sich infolge der geschickten Anordnung der Austausch-Baugruppen spielend leicht bewerkstelligen. Die Verwendungsmöglichkeit eines Dreh-Halmteilers zum Getreidemähen ist gegeben.

Der Binder ist mit einem verlängerten Hauptrohr, je einem zusätzlichen, schmalen Plattformtuch und schmalen unteren Elevatortuch ausgestattet. Diese beiden Tücher laufen mit einer etwas höheren Geschwindigkeit als die normalen, vorderen Tücher, da infolge der Länge des Hanfes die Samenenden der Stengel zeitlich später in die horizontale Transportlage auf der Plattform kommen als die Stoppelenden.

Bei gleicher Geschwindigkeit der breiten und schmalen Tücher würden die Stengel schräg, d. h. mit dem Stoppelende zuerst in den Bindeapparat gelangen. Infolge der sinnreichen Anordnung mit zwei Tüchern, die verschieden schnell laufen, wird das Nacheilen der Samenenden durch die höhere Tuchgeschwindig-

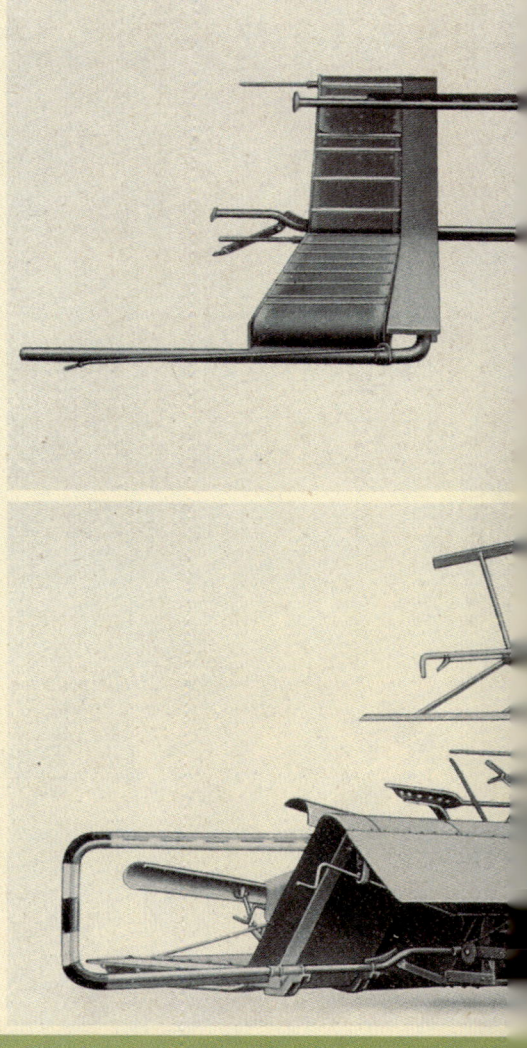

Hanf =

keit der Zusatztücher im Verlauf des Transportweges ausgeglichen, die Stengel kommen gerade in den Bindeapparat, und die zusätzliche Verwendung eines Garbentrenners erübrigt sich.

Die beiden hinteren schmalen Transporttücher bewirken darüber hinaus durch ihre Elastizität eine Schonung des Samenkolbens am Hanfstengel. Durch eine geschickte Ausbildung der Tuchwalzen und der dazugehörigen Lager wird das bei Hanf sonst beobachtete starke Wickeln der Hanffaser zwischen Tuchwalzen und Lagern vermieden.

Der erhöhte Haspel läuft mit einer höheren Umfangsgeschwindigkeit, als bei Getreide, damit der Fall des geschnittenen Stengels beschleunigt wird. Er ist austauschbar durch das Abschrauben des Haspelstandrohres mit Bedienungshebel gegen einen mitlieferbaren niedrigen Haspel für Getreide. Das Haspelstandrohr ist mit langen Abweisstäben versehen, die verhindern, daß die Stengel in die Bedienungshebel fallen, wenn der Hanf nach der Maschine hin gerichtet ist oder der Wind z. Z. des Schnittes den Hanf nach der Maschine hin drückt.

Die Teilung des gemähten Hanfes von dem noch stehenden Hanf geschieht in einwandfreier Weise durch den Torpedo-Abteiler, wie er von den **LANZ**-Gespann- und Schlepperbindern her bekannt ist, und durch ein torpedoartig ausgebildetes Abweiserblech. Der Bindeapparat hat einen verlängerten Bindearm, der es ermöglicht, den Hanf hoch über den Stoppelenden zu binden.

Dem Umstand, daß Hanf vorzugsweise auf anmoorigem Boden angebaut wird, ist durch den Einbau eines extrabreiten Haupt- und Landrades als Normalausrüstung Rechnung getragen.

LANZ Hanfbinder bei der Arbeit

LANZ Hanf-Schlingenbinder

linksschneidend
Schnittbreite: 7' = 2,10 m

für Zapfwellenantrieb, alle Hauptantriebe im Ölbad, mit Preßschmierung der Lagerstellen, Torpedoteiler, Aufrichtblech, extra breitem eisernen Haupt- und Getreiderad, Gummitüchern

HEINRICH **LANZ** MANNHEIM
AKTIENGESELLSCHAFT

Fernruf 34411 · Drahtanschrift: Lanzwerk Mannheim · Drahtanschrift für die Lanz-Zweigstellen: „Lanzwerk"

Zweigstellen:	Fernruf	Zweigstellen:	Fernruf
Berlin-Charlottenburg 2, Uhlandstr. 11, Ecke Kantstr.	31 81 55	Königsberg i. P., Bahnhofwallstraße	Pregel 411 35
Breslau 13, Straße der SA. 35	382 21	Magdeburg, Listemannstraße 17	223 41
Hannover-Wülfel, Brabrink 4	843 47	München-Laim, Landsberger Straße 328	804 51
Köln-Ehrenfeld, Oskar-Jäger-Straße 143	508 41/42	Wien XXI, Shuttleworthstraße 8	A 61 0 60 u. A 605 70

Posen, Bismarckstraße 1, Fernruf 26 78 und 26 79

EW 3114
febir

Mit süddeutschem Einleger

HEINRICH **LANZ** MANNHEIM
A.-G.

LANZ
Kleindreschmaschine

mit doppelter Druckwindreinigung und Wind-Sortierung

N 45

Die Maschine für den kleinbäuerlichen Betrieb.

Trotz sehr billigen Preises besitzt die Maschine alle Vorzüge, die den Lanz-Dreschmaschinen Weltruf verschafft haben. Wir verwenden nur erstklassigen Werkstoff und üben, unterstützt von einer hervorragend geschulten Belegschaft, größte Sorgfalt beim Zusammenbau. Die N 45 ist ein weiterer **großer Schritt** in der Entwicklungsarbeit, deren Ziel die Schaffung hochleistungsfähiger und solider, aber doch billiger, kleiner Dreschmaschinen ist, die in der **Arbeitsgüte** den größten Maschinen nicht nachstehen.

Bauart

Offene Schlagleistentrommel mit 6 Winkelschlagleisten
Kugellager an allen Wellen
Flachstahl-Dreschkorb mit Hebelverstellung und Schrauben-Feineinstellung
Schwingsiebschüttler
Fingervorschüttler
Besonderer Entgranner auf der Trommelwelle
Wurfförderer auf der Schüttelbrettwelle
Vereinigtes Druckwindgebläse für 1. und 2. Reinigung auf der Trommelwelle
Windsortierung

Die N 45 bietet dem Bauern . . . .

PD 2220 S

gegenüber anderen Maschinen gleicher Größe folgende

Vorteile:

1 **Ausgezeichnetes Einzugsvermögen** dank der Größe und des Gewichtes der offenen Schlagleistentrommel.

2 **Erstklassiger Ausdrusch.** Die Trommel wird — genau wie die unserer größten Maschinen — in Präzisionsarbeit hergestellt und auf unserer Spezialauswuchtmaschine vor Einbau auf völlig ausgeglichenen Lauf geprüft. Dadurch wird eine wirksame gleichmäßige Drescharbeit gewährleistet. Der kräftige Flachstahlkorb besitzt **Hebelmomentverstellung** und außerdem eine zusätzliche Feineinstellung mit Schrauben. Schnelles Anpassen an jede Fruchtart, daher immer sauberer Ausdrusch.

3 **Reine Ausschüttelung.** Bevor das Kornstrohgemisch hinter der Trommel auf den Schwingschüttler fällt, wird es durch einen besonders günstig angeordneten, kräftig wirkenden Fingerschüttler aufgelockert und vorgeschüttelt. Auf der reichlich bemessenen Schüttelfläche lösen sich die Körner aus dem Stroh und werden der Reinigung zugeführt. Das Stroh verläßt die Maschine glatt über den Strohauslauf.

4 **Die N 45 hat** — ähnlich wie die großen Dreschmaschinen — **einen besonderen zylindrischen Entgranner,** daher **tadellose Entgrannung und Enthülsung** der Körner. Der Entgranner sitzt auf der Trommelwelle; er kann **mit einem Handgriff** ein- oder ausgeschaltet werden. Leicht brüchiges, grannenloses Getreide braucht also nicht durch den Entgranner zu laufen, sondern wird an ihm vorbei durch den leistungsfähigen Wurfförderer direkt der zweiten Reinigung zugeführt.

5 Einwandfreie **marktfertige Reinigung und Sortierung** durch zweifache Druckwindreinigung mit Windsortierung. Die Windsortierklappen können nicht nur in ihrer Stellung, sondern auch in ihrer Länge den verschiedenen Fruchtarten angepaßt werden, daher sehr gute Sortierung!

6 **Antrieb auf beiden Seiten möglich,** trotz geringer Breite der Maschine. Dadurch ist die Möglichkeit gegeben, die N 45 auch in engen Scheunen aufzustellen.

7 **Geringer Kraftbedarf** durch Verwendung von Kugellagern an allen Wellen.

Neben diesen, im Betrieb sofort ins Auge fallenden vorteilhaften Eigenschaften ist die N 45 durch die bekannten Qualitäts-Merkmale aller Lanz-Erzeugnisse gekennzeichnet:

auf 70 jähriger Erfahrung beruhende, wohldurchdachte Konstruktion,
Güte des Werkstoffes, tadellose Verarbeitung,
Haltbarkeit und lange Lebensdauer, leichte Einstellung, Handhabung und Wartung.

Ausrüstung (im Preis einbegriffen)
Nord- oder süddeutsche Einlegevorrichtung, Schutzvorrichtungen, Trommelscheibe, Handdeichsel, Strohablauf, Radunterschläge für die Hinterräder, kleine Leiter, Feststellvorrichtungen für die Vorderräder, Schraubenschlüssel, Oelkanne, 1 Satz Wechsel- und Unkrautsiebe, 1 kleiner Betriebsriemen.

Sonderausrüstungen (gegen Mehrpreis)
Antriebsriemen, Pferdedeichsel mit Waag- und Zugscheiten, Radbremse, Schutzdecke, Spreubläser mit 5 m Rohr; Sondereinrichtungen zum Dreschen verschiedener Feldfrüchte nach besonderer Anfrage.

Marke	Trommel				Stündl. Leistung Weizen-		Kraft-bedarf ohne Hilfsapp.	Gewicht	Hauptmaße außer Betrieb in Betrieb				Fahrräder vorn hinten		Drahtwort
	Breite	Ø	Drehzahl i. d. Min.	Schlagleisten	Körner	Stroh			Länge	Breite	Höhe		Ø	Breite	
	mm	mm			Ztr.	Ztr.	PS	kg	m	m	m		mm	mm	
N 45	1700 (67")	375 (14½")	1450	6	4—6	etwa 10	2	südd. 790 nordd. 810	2.99 3.50	2.70 2.70	südd. 2.05 2.05	nordd. 2.26 2.26	400 400	55 55	Schwalbe

HEINRICH LANZ MANNHEIM
AKTIENGESELLSCHAFT

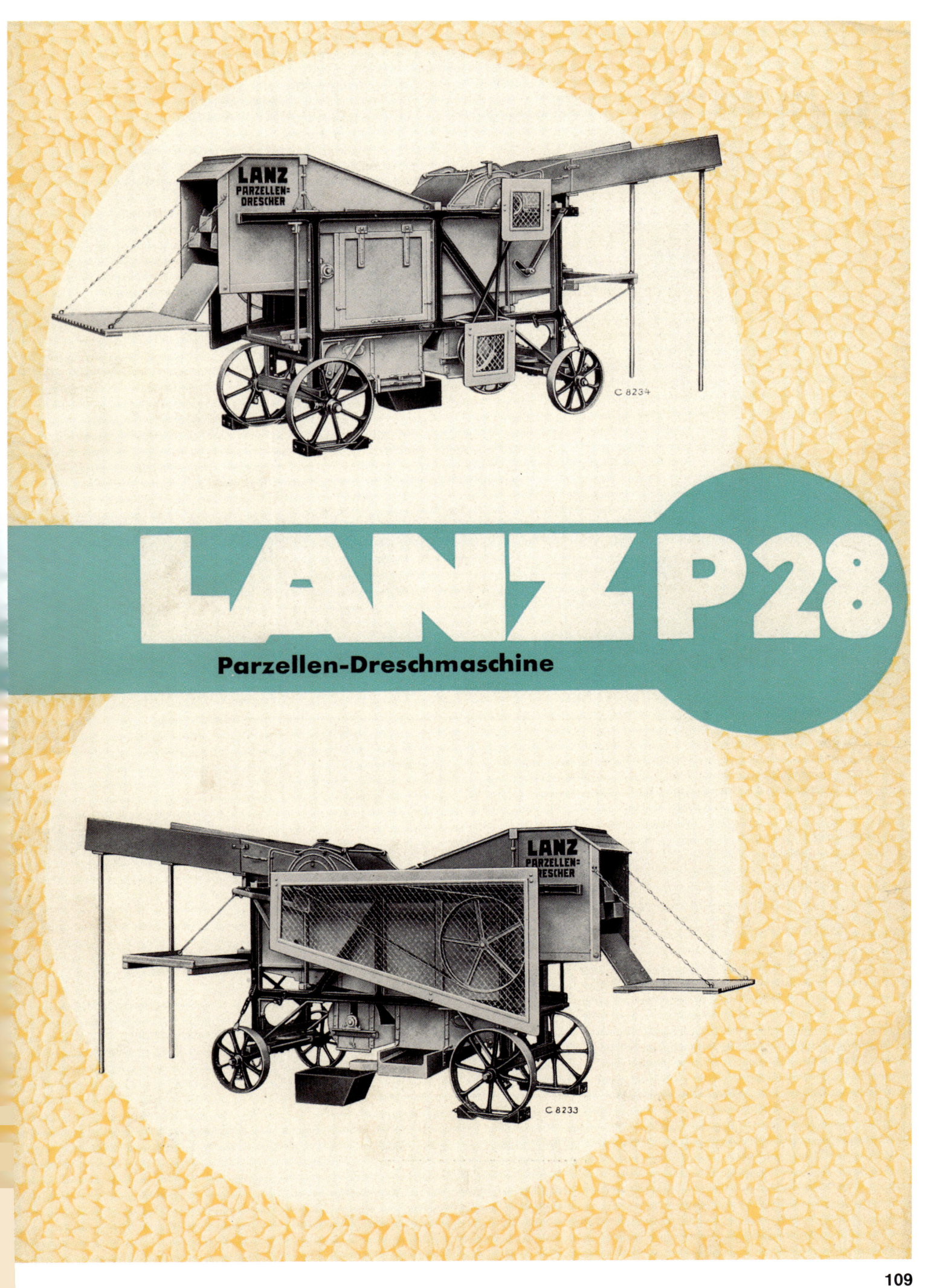

LANZ P28
Parzellen-Dreschmaschine

LANZ Parzellen-Dreschmaschine P 28

Die Parzellen-Dreschmaschine soll vornehmlich den besonderen Ansprüchen der Saatgutwirtschaften und der Versuchsringe dienen. Diese Anforderungen werden bei unserer Parzellen-Dreschmaschine in Bauart und Einrichtungen restlos erfüllt, was der Prüfungsbericht der D.L.G. anläßlich der Hauptprüfung 1928 als besonderen Vorteil hervorhebt. Auf Grund dieser Prüfung wurde unsere Parzellen-Dreschmaschine mit der silbernen Denkmünze ausgezeichnet.

Besondere Aufmerksamkeit wurde bei der Konstruktion auf die Vermeidung von Körnerverlust gerichtet und ebenso darauf, daß bei dem Drusch der verschiedenen Fruchtarten kein Vermischen der Körner durch die Maschine selbst stattfinden kann. Der Einlegetisch, durch Stellbretter beiderseits geschlossen, hat Gefälle und wird auf die Einlegeöffnung zu schmäler, sodaß er mit dieser seitlich gerade abschließt. Die seitlichen Stellbretter sind mit Dreikant-Deckleisten versehen. In dem oberschlächtigen Dreschkorb sowie an der geschlossenen Trommel kann sich kein Korn festsetzen. Eine in der Einlegehaube vorteilhaft angebrachte Pendelklappe verhindert im Betrieb das Herausschleudern von Körnern aus der Maschine. Ecken und Winkel im Innern der Maschine, wo Körner liegen bleiben könnten, sind möglichst vermieden oder durch Abschrägen der Kanten und Abdichtungen beseitigt. Schüttler, Rücklaufboden und Siebe sind so eingerichtet, daß das Dreschgut in der Maschine flott verarbeitet wird, und Körner oder Strohhalme nirgendwo hängen bleiben können. Deshalb läuft die Maschine nach Beendigung eines Parzellendrusches schnell leer, nachdem das auf dem Einlegetisch zusammengefegte Getreide der Dreschtrommel übergeben wurde. Zwecks gründlicher und sicherer Reinigung sind die inneren Teile durch verschiedene im Gestell angebrachte Türen und Klappdeckel bequem zugänglich.

Auch wurde darauf Bedacht genommen, die Maschine rasch aufstellen und in Betrieb setzen zu können. Eine an der Trommelwelle angebrachte Bremsvorrichtung wirkt in wenigen Augenblicken und dient dazu, das lange Auslaufen der ausschließlich in Kugellagern laufenden Maschine zu vermeiden. Bei öfterem Wechsel der Frucht wird dadurch beträchtlich an Zeit gespart. Auf Wunsch wird die Parzellen-Dreschmaschine auch ohne Fahrvorrichtung geliefert, wenn ortsfester Einbau oder der Aufbau auf einen Kraftwagen vorgesehen ist. Die Maschine kann mit einem Einsacker ausgerüstet werden, wenn sie außer zum Parzellendrusch auch als normale Dreschmaschine Verwendung finden soll. In diesem Falle läßt sich das Dreschgut statt in den Körnersammelkasten unmittelbar in die Säcke abfüllen.

Bauart
Holzrahmengestell mit Sperrholzverkleidung; Kugellager an allen Wellen; geschlossene Stiftentrommel; aufklappbare Trommelhaube; dreiteiliger Hordenschüttler; Kurzstroh-Nasensieb; Einkurbelwellen-Bauart ohne besondere Siebkastenkurbelwelle; einfache Wind- und Siebreinigung; verstellbarer, oberschlächtiger Sicherheitsdreschdeckel; Einlegetisch zum Parzellendrusch; Standbrett zum Einlegen; drehbare Fahrvorrichtung.

Ausrüstung
Trommelbetriebscheibe nach Maß; ein Satz Schutzvorrichtungen; normale Siebe; zwei kleine Betriebsriemen; Werkzeugkasten mit Schraubenschlüsseln; Hochdruckschmierpresse; Büchse mit LANZ-Kugellagerfett; Oelkanne; Handdeichsel; 2 Schraubenunterschläge für die Hinterräder; 2 Feststellvorrichtungen für die Vorderräder; Strohablauf; Rückstrahler.

Sonderausrüstungen (gegen Mehrpreis)
Pferde-Deichsel; Radbremse; Einsacker; Drehzahlanzeiger; Einrichtungen zum Dreschen verschiedener Fruchtarten.

Abmessungen

| Marke | Gestellweite im Lichten | | Trommel | | | Stiftenreihen | Stündliche Leistung Weizenkörner | Kraftbedarf | Gewicht | Hauptmaße außer Betrieb in Betrieb | | | Fahrräder Ø | | | Drahtwort |
	Zoll	mm	Zoll	mm	Ø U. i. d. Min.		etwa kg	etwa PS	etwa kg	Länge m	Breite m	Höhe m	vorn mm	hinten mm	Breite mm	
P 28	22	570	17	440	1200	8	300—450 Korn/Strohverhältnis 1:1,7 bis 1:1	3—4	850	3,00 / 5,20	1,30 / 1,65	1,95 / 2,15	500	600	80	Parzelle

HEINRICH LANZ MANNHEIM
AKTIENGESELLSCHAFT
Fernruf: 34411 · Drahtanschrift: Lanzwerk Mannheim

DT 3028/II
mayun

LANZ

Dreschmaschinen

Zwei Schwingschüttler-Dreschmaschinen für mittlere und größere Betriebe, deren Kennzeichen eine vorzügliche Dresch- und Reinigungsarbeit bei sorgfältiger Ausführung und großer Dauerhaftigkeit sind.

N 62

N 64

HEINRICH **LANZ** MANNHEIM
Aktiengesellschaft

PD 2586

Lanz Dreschmaschinen N 62, N 64

Bauart:
Holzrahmengestell; Kugellager an allen Wellen außer am Sortierzylinder; Hochdruckpreß-schmierung an allen Lagern; schwere, offene Schlagleistentrommel; zweiteiliger, schwenkbarer Dreschkorb mit Schraubeneinstellung; großer Schwingschüttler; besonderes Kurzstrohsieb; zweifache Windreinigung; Spreureinigung, Spreuauslauf einstellbar nach rechts oder links; Wurfförderer mit Wurfentgranner; Sortierzylinder; Schmalspur, vorn und hinten spurend.

Ausrüstung:
Trommelbetriebscheibe; Schutzvorrichtungen; Handeinleger; kleine Betriebsriemen; normale Siebe; Korbrückseitenbleche; Leiter; Werkzeugkasten mit Schraubenschlüsseln; Schmierpresse; Büchse mit 2 kg Lanz-Kugellagerfett; Oelkanne; Rückstrahler; Pferdedeichsel mit Waage und Zugscheiten (auf Wunsch Schlepper- oder Ochsendeichsel); Hebelunterschläge für die Vorder- und Hinterräder; Strohablauf auf Wunsch.

Sonderausrüstungen (gegen Mehrpreis)
Antriebsriemen; Schutzdecke; Hemmschuh mit Kette; Drehzahlanzeiger; Siebaufbewahrungskasten; Deichsel für Schlepper- und Pferdezug; Bremse; Selbsteinleger; Spreubläser; Sackheber.
Einrichtungen zum Dreschen verschiedener Fruchtarten.

Geeignete Strohpressen für N 62 und N 64 sind:
für N 62: SK 350 und SK 400; für N 64: SK 400

Abmessungen:

Marke	Trommel Breite mm	Ø mm	Umdr. i. d. Min.	Schlagleisten	Stdl. Leistung Weizen-Körner kg	Stroh kg	Kraftbedarf PS	Gewicht kg	Hauptmaße außer Betrieb in Betrieb Länge m	Breite m	Höhe* m	Fahrräder Ø vorn hinten mm	Breite mm	Drahtwort
N 62	1700	410 16"	1400	6	750 bis 1100	etwa 1500	5–6	2650	4,85 5,90	2,70 2,70	2,55 2,79	650 750	120	Weihe
N 64	1700	460 18"	1250	6	1000 bis 1400 Korn/Strohverhältnis 1:1,7 bis 1:1	etwa 1900	6–7	3050	5,40 6,40	2,70 3,05	2,82 3,06	750 850	120	Adler

*Höhe mit Selbsteinleger bei N 62 außer Betrieb 2,73 m, in Betrieb 2,85 m
" " " " N 64 " " 3,00 " " " 3,12 "

LANZ N85
Hordenschüttler-Dreschmaschine für mittlere Betriebe

LANZ
Dreschmaschine
N 85

Eine sehr leistungsfähige Hordenschüttler-Dreschmaschine, die unter besonderer Berücksichtigung der starken Beanspruchungen im Lohndrusch und bei Dreschgenossenschaften entwickelt worden ist und neue, betriebstechnisch sehr vorteilhafte Eigenschaften aufweist.

Ihre Kennzeichen sind:

Hervorragende Arbeitsleistung und -güte
Bequeme Handhabung und Einstellung
Leichte Fahr- und Lenkbarkeit
Beste, vielfach geprüfte Werkstoffe
Erstklassige Werkmannsarbeit

Bauart: Holzrahmengestell mit U-Stahllängsträgern; Kugellager an allen Wellen (außer an Becherwer und Sortierzylinder); Hochdruckpreßschmierung an allen Lagern; schwere, offene Schlag leistentrommel; zweiteiliger, schwenkbarer Dreschkorb mit Hebelverstellung und Schrauben Feineinstellung; Korbrückseitenblech; fünfteiliger Hordenschüttler; Fingerschüttler über der Nachschüttelrost; Schüttlerwelle und Siebkastenkurbelwelle; zweifache Windreinigung, kleine Gebläse hochdrehbar; Spreureinigung, Spreuauslauf einstellbar nach rechts oder links; Becher werk; Entgranner mit Geflecht- oder Gußdeckeln; Sortierzylinder; Autolenkung; Mittelspu vorn und hinten spurend, oder auf Wunsch Drehschemellenkung mit Mittel- oder Schmalspu

Ausrüstung: Trommelbetriebscheibe nach Maß (rechts oder links verwendbar); Schutzvorrichtungen; klein Betriebsriemen; normale Siebe; Leiter; Werkzeugkasten mit Schraubenschlüsseln; Hochdruck Schmierpresse; 2 kg Lanz-Kugellagerfett; Oelkanne; Rückstrahler; Pferdedeichsel ode Schlepperdeichsel; Hebelunterschläge für die Hinterräder.
Bei Lanz-Steuerung und Schlepperzug: Drückschuh am Hinterwagen; Drückbaum.
Bei Lanz-Steuerung und Pferdezug: Drückschuh am Hinterwagen; Handdeichsel.

Sonderausrüstungen (gegen Mehrpreis):
Antriebsriemen; Pressenantriebscheibe; Winde; Zwickhebel; Radschuh mit Kette; Siebaufbe wahrungskasten; Drehzahlanzeiger; Waage mit Zugscheiten; Deichsel für Schlepper- un Pferdezug; Drückbaum; Drück- oder Anhängeschuh; Bremse; 4 Spindelfeststellböcke m Aufhängevorrichtung; Sortierzylinder doppelt verstellbar; Aehrenhebegebläse; Selbsteinleger Spreubläser (links waagerechter Ausblas); Sackheber; Lanzsteuerung; Voll- oder Luftgummi bereifung; Innenbackenbremse (nur für Gummibereifung).
Einrichtungen zum Dreschen verschiedener Fruchtarten.
Strohablauf (kostenlos, wenn keine Strohpresse vorhanden).

Geeignete Strohpressen für N 85: SK 400 und SK 500
(Falls die N 85 mit Lanz-Steuerung bezogen wird, kann die SK Presse ebenfalls gegen Mehrpreis mit Lanz Steuerung versehen werden; auf Wunsch kann auch Vorgelege für Rückwärtsdrusch gegen Berechnung mit geliefert werden.)

Abmessungen:

Marke	Trommel Breite mm	Trommel Ø mm	Trommel Umdr. i.d. Min.	Schlagleisten	Stündl. Leistung Weizen Körner kg	Stündl. Leistung Weizen Stroh kg	Kraftbedarf ohne Hilfsapparate PS	Gewicht kg	Hauptmaße außer Betrieb in Betrieb Länge m	Hauptmaße außer Betrieb in Betrieb Breite m	Hauptmaße außer Betrieb in Betrieb Höhe* m	Kurzstroh-Auslauf Höhe mm	Langstroh-Auslauf Höhe mm	Spurweite innen mm	Fahrräder Ø mm	Fahrräder Breite mm	Drahtwort
N 85	1700	510	1200	8	1250 bis 1750 Korn/Strohverhältnis 1:1,7 bis 1:1	etwa 2500	10–12	3850	5,75 6,75	2,65 2,97	2,82 3,06	1210	1800	1640	750	150	Julia

*) Höhe der Maschine mit Selbsteinleger beträgt außer Betrieb 3,04 m, in Betrieb 3,16 m.

HEINRICH LANZ MANNHEIM
AKTIENGESELLSCHAFT

Fernruf: 34411 · Drahtanschrift: Lanzwerk Mannheim

DT 3349
mayen

N 27 G – 48" u. 55"

LANZ

LANZ Dreschmaschinen · N 27 G · 48 u. 55"

weiter verbessert und vervollkommnet.

Die Dreschmaschinen, die normal mit schwerer Schlagleistentrommel mit acht Schlagleisten ausgerüstet sind, zeichnen sich durch einen zweckmäßigen und stabilen Aufbau aus. Im Interesse einer langen Lebensdauer ist das Gestell in der bewährten LANZ-Brückenkonstruktion ganz aus Stahl hergestellt, womit auch den verderblichen Witterungseinflüssen vorgebeugt wird.

Die Längsträger, Stützen und Streben sind dabei derart miteinander vernietet, daß eine Verschiebung innerhalb des Gestells ausgeschlossen ist. Zur Lagerung der Trommel und des Korbes sind beiderseits starke Stahlblechplatten mit den Rahmen vernietet, wodurch sich die Festigkeit des ganzen Maschinengestells noch erhöht und eine außerordentliche Widerstandsfähigkeit gegen Verwindungen erzielt wird. Die Verschalung besteht aus erstklassigem Nut- und Federholz, das innen an den besonders beanspruchten Stellen mit Blech verkleidet ist.

Die kräftige Fahrvorrichtung ist ebenfalls ganz aus Stahl hergestellt und mit großen, breiten, mit Staufferbüchsen versehenen Fahrrädern ausgerüstet. Der Vorderwagen kann vollständig durchgedreht werden. Da er auf einem Drehgelenk ruht, paßt er sich den Unebenheiten des Bodens an, wodurch ungünstige Beanspruchungen des Maschinengestells vermieden werden — wichtig für den Transport auf schlechten, ausgefahrenen Wegen.

Spielend leichter Lauf und geringer Kraftbedarf werden durch Verwendung von Präzisionskugellagern erreicht, die weitere Vorteile, wie einfache Wartung, große Betriebssicherheit und Ersparnis an Unterhaltungskosten bringen.

Die N 27 G-Dreschmaschinen besitzen Hochdruckpreßschmierung. Die Lager haben gegen Schmutz und Staub dicht schließende Schmiernippel und jeder Maschine wird eine Hochdruckschmierpresse mitgegeben. Neben Zeitersparnis beim Abschmieren der Maschine liegen die Vorteile dieser modernen Art der Schmierung darin, daß eine absolut saubere, schmutzfreie und durch die starke Pressung ausgiebige Schmierung sichergestellt wird.

Die Schlagleistentrommel ist in der bekannten schweren LANZ-Bauart ausgeführt und sorgfältig ausgewuchtet, damit ein ruhiger, erschütterungsfreier Lauf erzielt wird. Der äußerst kräftige Dreschkorb ist zweiteilig und schwenkbar. Der Raum hinter dem Dreschkorb wurde wesentlich vergrößert, sodaß Kurzstroh- und Kornanhäufungen hier nicht eintreten. Die Trommellager sind als Flanschlager ausgebildet und an den vorerwähnten Stahlblechplatten befestigt. In diesen ist auch die Korbverstellung gelagert, womit eine genaue und unverschiebbare Einstellung des Dreschkorbes zur Trommel gewährleistet ist. Die langen, vierteiligen Strohschüttler sind auf zwei Kurbelwellen gelagert und sorgen für eine kräftige und sorgfältige Ausschüttelung, worauf weiterhin durch Vergrößerung des Raumes über den Schüttlern Rücksicht genommen ist.

Um einem Reißen oder Werfen durch Witterungseinflüsse vorzubeugen, sind die Rücklaufböden aus Stahlblech angefertigt. Die dreifache Windreinigung — das dritte Gebläse ist als Sauggebläse ausgebildet und sitzt auf der Welle des zweiten Gebläses — und die großen Siebflächen in den beiden Putzwerken liefern eine erstklassig gereinigte marktfähige Frucht. Mit einem Griff kann die Windstärke des unteren großen Gebläses durch Zentralschieberverstellung geregelt werden. Das erste Putzwerk besitzt zwei getrennte Körner- und Aehrenfangklappen. Durch das gebogene Spreusieb wird die Spreu von verunreinigenden Beimengungen gesäubert und kann nach links oder rechts abgeleitet werden. Ueber dem Wechselsiebauslauf des ersten Putzwerkes ist das Aehrenhebegebläse angebracht, welches die dort anfallenden, unausgedroschenen Aehrenteile absaugt, ausdrischt und in die Maschine zurückbefördert. Der Entgranner wird direkt von der Trommelwelle angetrieben und ist durch Abnahme des Riemens abstellbar. Er besitzt eine Einlaufschnecke, Messer und verstellbare Schläger; die Wandung des Gehäuses ist gerippt. Der Sortierzylinder gestattet eine Sortierung der gereinigten Frucht in verschiedenen Sorten. Sackheber und Spreubläser können zusätzlich für diese Maschinen geliefert werden.

LANZ
Dreschmaschinen · N 27 G

In ständiger Zusammenarbeit mit der Praxis hat LANZ, gestützt auf seinen reichen Erfahrungsschatz und auf wissenschaftliche Forschungen, stets solche Maschinen entwickelt, die den gegebenen Anforderungen vollauf Rechnung tragen und allen Ansprüchen gerecht werden.

Tadelloser Ausdrusch, wirksame Ausschüttelung, einwandfreie Reinigung sind bei LANZ-Dreschmaschinen selbstverständliche Voraussetzungen. Darüber hinaus bringen sie erhebliche Vereinfachung und Erleichterung der Drescharbeit selbst. So ermöglicht die noch vergrößerte geräumige Bühne bequemes Aufgeben von allen Seiten und damit ein flottes, gleichmäßiges Arbeiten. Bequeme Handhabung aller Bedienungsorgane, leichte Zugänglichkeit zu den Putzwerken und die Möglichkeit einfachen, schnellen Siebwechsels sind weitere Vorteile.

Von besonderer Wichtigkeit ist, daß die N 27 G-Maschinen auch für Reisdrusch eingesetzt werden können. Hierfür kann eine besondere Reisdruschtrommel mit entsprechendem Dreschkorbunterteil, die leicht gegen die normalen Teile auszutauschen sind, mitgeliefert werden.

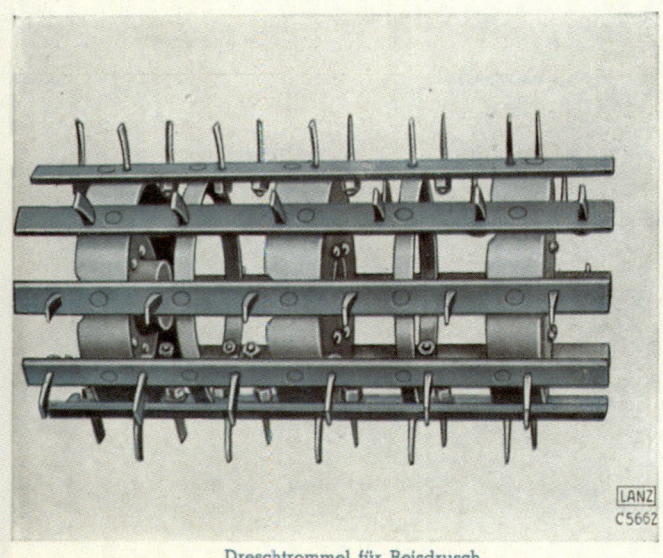

Dreschtrommel für Reisdrusch

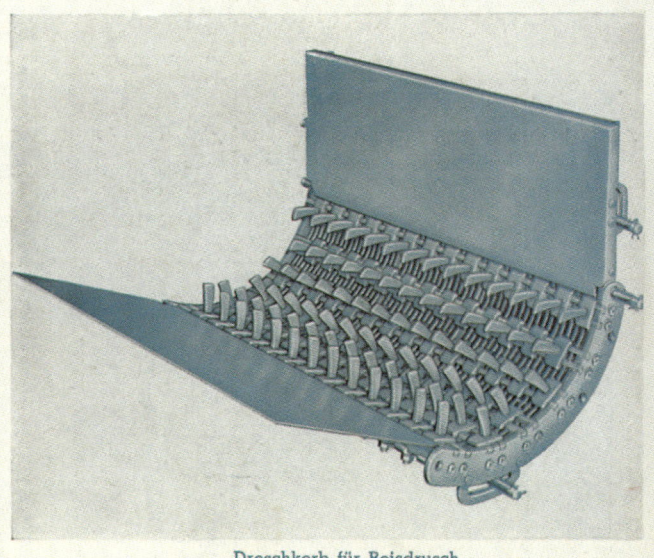

Dreschkorb für Reisdrusch

Dreschtrommel

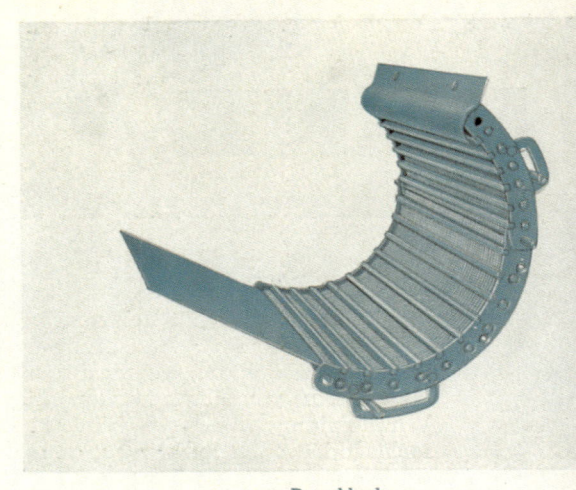

Dreschkorb

LANZ-Dreschmaschine N 27 G

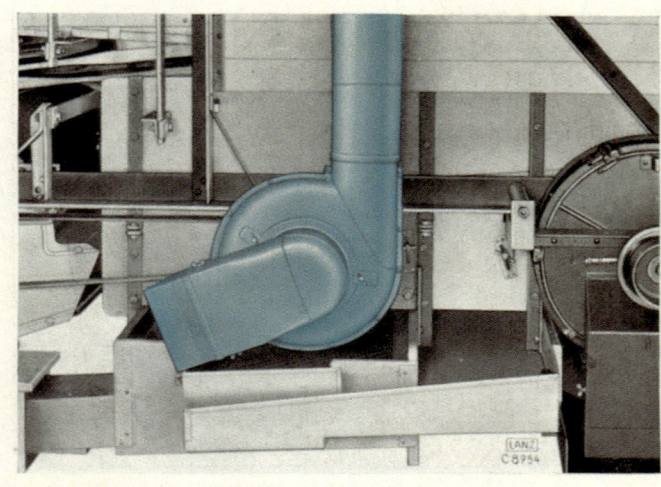

Aehrenheber außer Betrieb

Aehrenheber in Betrieb

Blick in Entgranner von oben

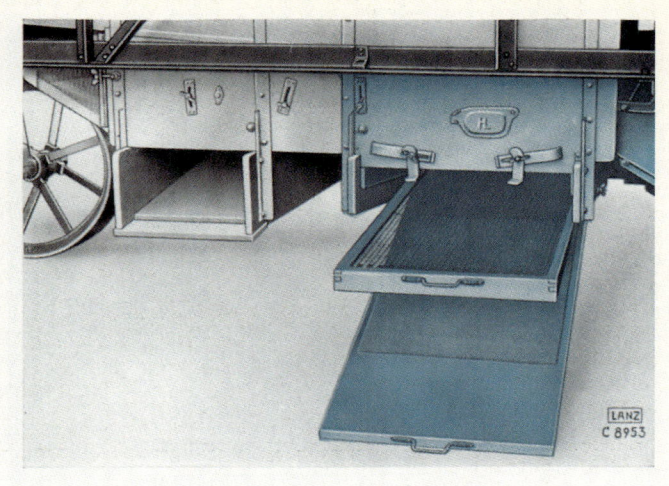

Leichter und raumsparender Siebwechsel

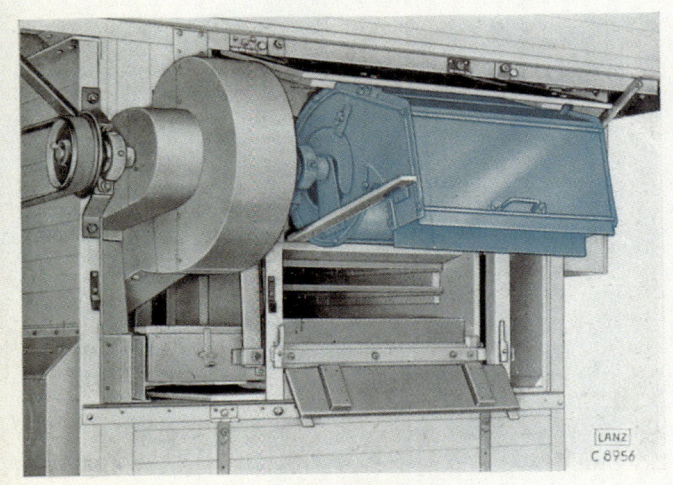

Gebläse hochgedreht

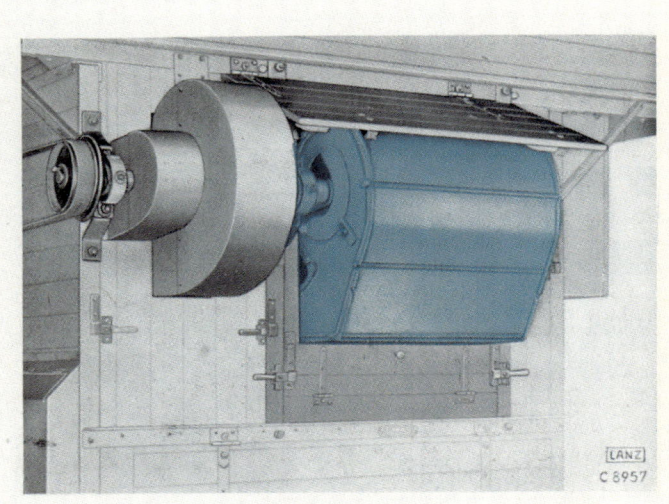

Gebläse geschlossen

119

LANZ
Dreschmaschinen · N 27 G

Bauart:
Stahlrahmengestell mit Holzverschalung; Kugellager an allen Wellen (außer am Becherwerk und Sortierzylinder); Hochdruck-Preßschmierung an allen Lagern; schwere Schlagleistentrommel; zweiteiliger, schwenkbarer Dreschkorb mit Schraubeneinstellung; Korbrückseitenblech einsteckbar; vierteiliger Hordenschüttler auf zwei Wellen gelagert; Nachschüttelrost; dreifache Windreinigung, kleines Gebläse hochdrehbar; Spreureinigung, Spreuauslauf einstellbar nach rechts oder nach links; zwei getrennte Körner- und Aehrenfangklappen im ersten Putzwerk; Aehrenhebegebläse; Becherwerk; Guß-Entgranner abstellbar; Sortierzylinder; Breitspur, vorn und hinten spurend.

Ausrüstung:
Trommelbetriebscheibe nach Maß (links oder rechts verwendbar); kleine Betriebsriemen; normale Siebe; Siebaufbewahrungskasten; Leiter; Werkzeugkasten mit Schraubenschlüsseln; Schmierpresse; 2 kg Lanz-Kugellagerfett; Oelkanne; Rückstrahler; Pferdedeichsel mit Waage und Zugscheiten (oder auf Wunsch Schlepperdeichsel); Hebelunterschläge für Hinterräder.

Sonderausrüstungen (gegen Mehrpreis):
Antriebsriemen; Pressenantriebsscheibe; Winde, Zwickhebel; Deichsel für Schlepper- und Pferdezug; Bremse; Spreubläser; Sackheber; 4 Spindelfeststellböcke mit Aufhängevorrichtung. Reisdruscheinrichtung; Einrichtungen zum Dreschen verschiedener Fruchtarten. Strohablauf (kostenlos, wenn keine Strohpresse vorhanden).

Abmessungen und Leistungen:

Marke	Gestellweite im Lichten Zoll	Gestellweite im Lichten mm	Trommel ⌀ mm/Zoll	Trommel Umdr. i. d. Min. *	Trommel Schlagleisten	Leistung Weizenkörner / Reis je Stunde etwa kg	Kraftbedarf etwa PS	Gewicht etwa kg	Hauptmaße außer Betrieb Länge m	Hauptmaße Breite m	Hauptmaße Höhe m	Kurzstroh-Auslauf Höhe mm	Langstroh-Auslauf Höhe mm	Spurweite innen mm	Fahrräder ⌀ vorn/hint. mm	Fahrräder Breite mm	Drahtwort
N 27 G	48	1230	610 / 24"	900	8	1600–2200 / **1800–2300	14–16	4600	7,10 / 8,15	2,63 / 3,12	3,26 / 3,26	1300	2050	1670	850 / 1050	160	Merkur
N 27 G	55	1400	610 / 24"	900	8	2000–2600 / **2100–2700 Korn/Strohverhältnis bei Weizen 1:1,7 bis 1:1	16–20	4900	7,10 / 8,15	2,80 / 3,29	3,26 / 3,26	1300	2050	1840	850 / 1050	160	Jupiter

* Für Holland, Deutschland und nordöstlichen Länder Trommeldrehzahl 1000.
** Leistungen bei Reis unter Verwendung einer besonderen Reisdruscheinrichtung.

HEINRICH LANZ MANNHEIM
AKTIENGESELLSCHAFT

Fernruf: 34411 · Drahtanschrift: Lanzwerk Mannheim

EWE 2927/I
feben

LANZ
GROSS-DRESCHMASCHINE
EK

Abbildungen unverbindlich!

Werkstoff
höchster Güte und vielfach geprüft

Zusammenbau
nach neuesten Erkenntnissen der Technik

Werkmannsarbeit
einer geschulten und erfahrenen Belegschaft

HEINRICH **LANZ** MANNHEIM
Aktiengesellschaft

PD 2589

Lanz Groß-Dreschmaschine EK

Bauart:
U-Stahllängsträger; Kugellager; Hochdruckpreßschmierung an allen Lagern; schwere, offene Schlagleistentrommel; zweiteiliger, schwenkbarer Dreschkorb mit Hebelverstellung u. Schraubenfeineinstellung; Korbbrückseitenblech; fünfteiliger Hordenschüttler; Schwingnachschüttler; vierfache Windreinigung, kleines Gebläse hochdrehbar; Spreureinigung, Spreuauslauf einstellbar nach rechts oder links; Becherwerk; Gußentgranner (auf Wunsch Geflechtentgranner); Sortierzylinder; Autolenkung; Breitspur, vorn und hinten spurend.

Ausrüstung:
Trommelbetriebscheibe; Schutzvorrichtungen; Handeinleger; kleine Betriebsriemen; normale Siebe; Siebaufbewahrungskasten; 2 Leitern; Werkzeugkasten mit Schraubenschlüsseln; Schmierpresse; 2 kg Lanz-Kugellagerfett; Oelkanne; Rückstrahler; Pferdedeichsel mit Waage und Vorspannwaage mit Zugscheiten (oder Schlepperdeichsel); Hemmschuh mit Kette (wenn ohne Lanz-Steuerung); Hebelunterschläge für die Hinterräder; Strohablauf auf Wunsch.
    Bei Lanz-Steuerung und Schlepperzug: Drückschuh vorn und hinten, Drückbaum.
    Bei Lanz-Steuerung und Pferdezug: Drückschuh vorn und hinten, Handdeichsel.

Sonderausrüstungen (gegen Mehrpreis):
Antriebsriemen; Pressenantriebscheibe; Schutzdecke; Winde; Drehzahlanzeiger; Deichsel für Schlepper- **und** Pferdezug; Bremse; Spindelfeststellböcke; Selbsteinleger; Zubringer; Spreubläser; Sackheber; Lanz-Steuerung; Elastik- oder Luftgummibereifung; Innenbackenbremse (bei Gummibereifung).
Einrichtungen zum Dreschen verschiedener Fruchtarten.

Geeignete Strohpressen für EK: SK 500 und SK 600 oder Ballenpresse BPL 500
(Falls die EK mit Lanz-Steuerung bezogen wird, kann die SK Presse ebenfalls gegen Mehrpreis mit Lanz-Steuerung versehen werden; auf Wunsch kann auch Vorgelege für Rückwärtsdrusch gegen Berechnung mitgeliefert werden.)

Abmessungen:

Marke	Trommel Breite mm	Trommel Ø mm	Trommel Umdr. i. d. Min.	Schlagleisten	Stdl. Leistung Weizen Körner kg	Stdl. Leistung Stroh kg	Kraftbedarf PS	Gewicht kg	Hauptmaße außer Betrieb / in Betrieb Länge m	Breite m	Höhe* m	Fahrräder Ø mm	Breite mm	Drahtwort
EK	1700 (67")	534 (21")	1140	8	1500 bis 2000 Korn/Strohverhältnis 1:1,7 bis 1:1	etwa 2750	14—17	5100	6,40 / 7,40	2,60 / 3,80	3,10 / 3,21	920	150	Nora

* Höhe der Maschine mit Selbsteinleger und Zubringer außer Betrieb 2,99 m, in Betrieb 3,28 m.

LANZ

GROSSDRESCHMASCHINEN
HK 67 u. 60

Werkstoff
höchster Güte und vielfach geprüft

Zusammenbau
nach neuesten Erkenntnissen der Technik

Werkmannsarbeit
einer geschulten und erfahrenen Belegschaft

HEINRICH **LANZ** MANNHEIM
AKTIENGESELLSCHAFT

PD 2200

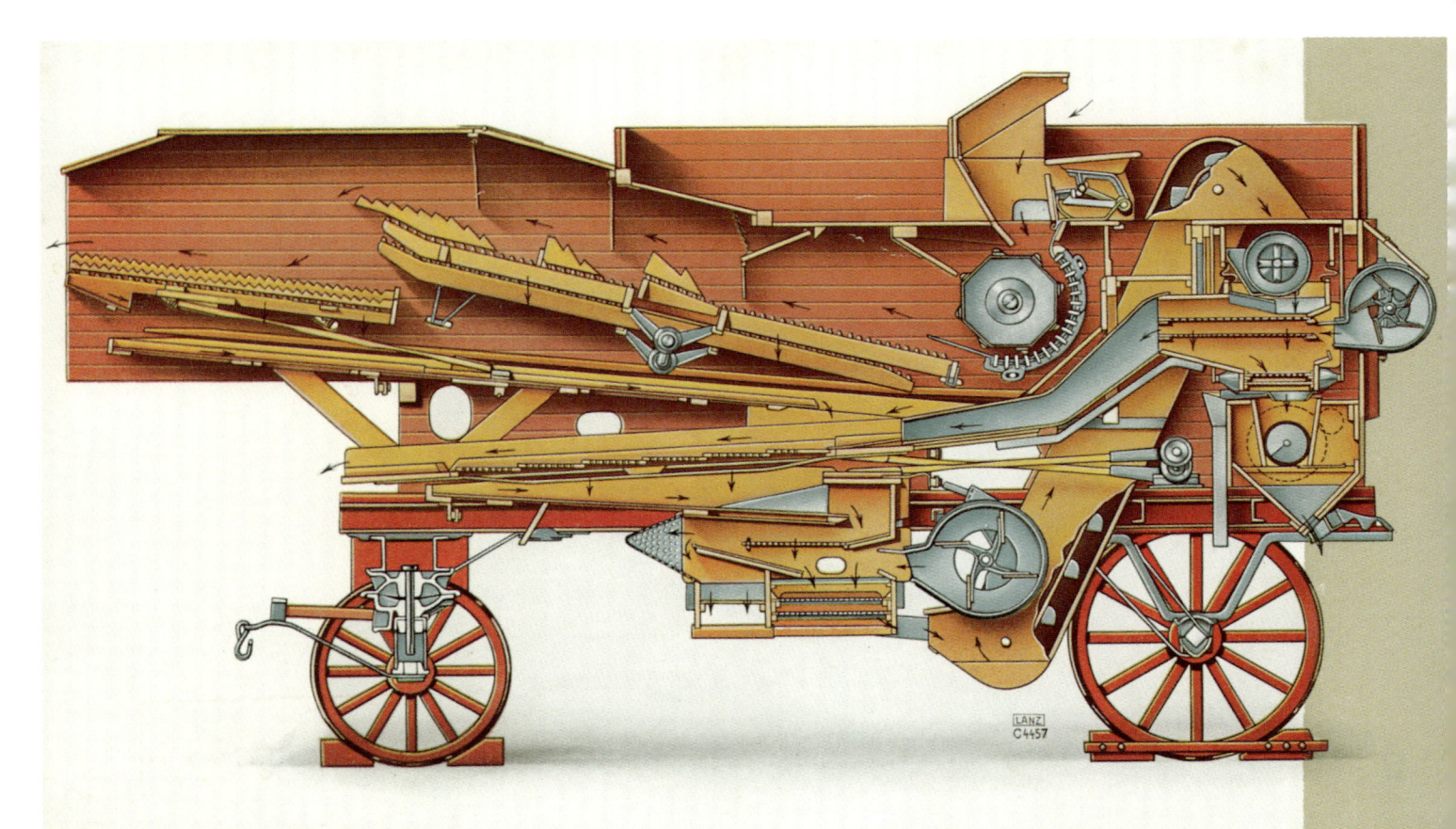

LANZ-GROSSDRESCHMASCHINEN HK 67" u. 60"

Bauart

Holzrahmengestell mit U-Eisen-Längsträgern
Kugellager an allen Wellen (außer Becherwerkswellen und Sortierzylinderwelle)
Hochdruck-Preßschmierung an allen Lagern

Schwere Schlagleistentrommel
Zweiteiliger Dreschkorb
Fünfteiliger Hordenschüttler
Schwingnachschüttler
Je eine Schüttler- und eine Siebkasten-Kurbelwelle
Vierfache Windreinigung

Spreureinigung, Spreuauslauf einstellbar nach rechts oder links
Becherwerk
Entgranner
Sortierzylinder
Breitspur-Fahrvorrichtung

Ausrüstung (im Maschinenpreis einbegriffen)

1 Satz Schutzvorrichtungen
1 Sicherheitseinleger
1 Trommelbetriebsscheibe
1 Pferdedeichsel (auf Wunsch Schlepper- oder Ochsendeichsel)
1 Waagscheit
2 Zugscheite
1 Vorspannwaagscheit

2 Vorspannzugscheite
1 Hemmschuh mit Kette
2 Hebelunterschläge für die Hinterräder
1 Strohablauf auf besonderen Wunsch
1 Satz Siebe zum 1. und 2. Putzwerk
1 Siebaufbewahrungskasten

1 Satz kleine Betriebsriemen
1 große Leiter
1 kleine Leiter
1 Werkzeugkasten mit einem Satz Schraubenschlüssel
1 Hochdruckschmierpresse
1 Büchse mit 2 kg Lanz-Kugellagerfett
1 Oelkanne

Sonderausrüstungen (gegen Mehrpreis)

Antriebsriemen
Radbremse
Winde
Schutzdecke

Deichsel für Schlepper- und Pferdezug oder für Schlepper- und Ochsenzug
Selbsteinleger
Zubringer

Garbenförderer
Spreubläser
Kurzstrohbläser
Sackheber
Brutto-Absackwaage

Einrichtungen zum Dreschen verschiedener Feldfrüchte

Geeignete Strohpressen für HK 67" und HK 60"

Langstroh-Presse SK 600 mit selbsttätiger Garnbindung
Ballen-Presse BPL 500 mit Drahtbindung von Hand
Ballen-Presse BLS 600 mit selbsttätiger Drahtbindung

Abmessungen

Marke	Trommel				Stdl. Leistung Weizen-		Kraftbedarf	Gewicht	Hauptmaße außer Betrieb in Betrieb			Fahrräder		Drahtwort
	Breite	Ø	Umdr. i. d. Min.	Schlagleisten	Körner	Stroh			Länge	Breite	Höhe*	Ø	Breite	
	mm	mm			Ztr.	Ztr.	PS	kg	m	m	m	mm	mm	
HK 67	1710 (67")	560 (22")	1100	8	38–50	etwa 70	16–20	5600	6,50 7,50	2,75 3,80	3,10 3,40	v. 920 h. 1200	150	Erdmann
HK 60	1530 (60")	560 (22")	1100	8	35–45	etwa 65	15–19	5300	6,50 7,50	2,60 3,60	3,10 3,40	v. 920 h. 1200	150	Emmerich

Korn/Stroh-Verhältnis 1:1,7 bis 1:1 — ohne Hilfsapparate

*) Höhe der Maschine beträgt mit Selbsteinleger . . . . . außer Betrieb etwa 3,13 m, in Betrieb etwa 3,30 m
   und Zubringer   „   „   3,41 „   „   „   3,60 „

LANZ

GROSSDRESCHMASCHINE
MKDD 67

Werkstoff
höchster Güte und vielfach geprüft

Zusammenbau
nach neuesten Erkenntnissen der Technik

Werkmannsarbeit
einer geschulten und erfahrenen Belegschaft

HEINRICH **LANZ** MANNHEIM
AKTIENGESELLSCHAFT

D 2227

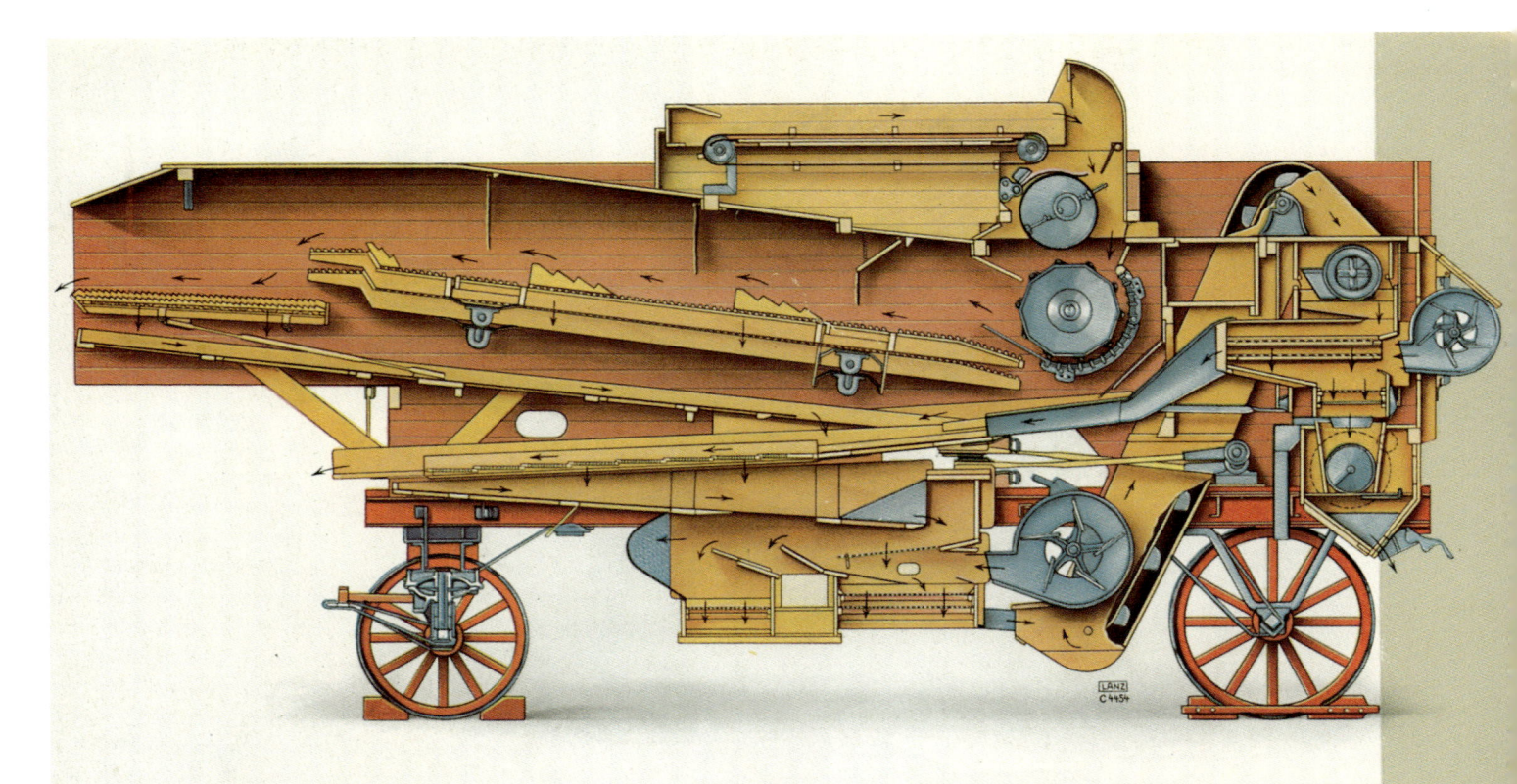

LANZ-GROSSDRESCHMASCHINE MKDD 67"

Bauart

Holzrahmengestell mit U-Eisen-Längsträgern
Kugellager an allen Wellen (außer Becherwerkswellen und Sortierzylinderwelle)
Hochdruck-Preßschmierung an allen Lagern
Schwere Schlagleistentrommel

Zweiteiliger Dreschkorb mit Korbrost
Schwingnachschüttler mit eigener Bewegung
Vierteiliger Hordenschüttler, auf 2 Wellen gelagert
Spreureinigung, Spreuauslauf einstellbar nach rechts oder links

Fünffache Windreinigung
Körnerfangvorrichtung am 1. Putzwerk
Aehrenfangvorrichtung
Becherwerk
Entgranner
Sortierzylinder doppelt verstellbar
Breitspur-Fahrvorrichtung

Ausrüstung (im Maschinenpreis einbegriffen)

1 Satz Schutzvorrichtungen
1 Trommelbetriebsscheibe
Selbsteinleger | *
Zubringer |
1 Schlepperdeichsel oder Pferdedeichsel
1 Waagscheit
2 Zugscheite

1 Vorspannwaagscheit
2 Vorspannzugscheite
1 Hemmschuh mit Kette
2 Hebelunterschläge für die Hinterräder
1 Strohablauf auf besonderen Wunsch
1 Satz Siebe zum 1. und 2. Putzwerk
1 Siebaufbewahrungskasten

1 Satz kleine Betriebsriemen
1 große Leiter
1 kleine Leiter
1 Werkzeugkasten mit einem Satz Schraubenschlüssel
1 Hochdruckschmierpresse
1 Büchse mit 2 kg Kugellagerfett
1 Ölkanne
1 Kurbel für Sortierzylinder

Sonderausrüstungen (gegen Mehrpreis)

Antriebsriemen
Radbremse
Winde

Schutzdecke
Deichsel für Schlepper- **und** Pferdezug
Garbenförderer

Spreubläser
Kurzstrohbläser
Sackheber
Brutto-Absackwaage

Einrichtungen zum Dreschen verschiedener Feldfrüchte

Geeignete Strohpressen für MKDD

Langstroh-Presse SK 1000 mit selbsttätiger Garnbindung
Ballen-Presse BP 650 mit Drahtbindung von Hand

Abmessungen

Marke	Trommel				Stdl. Leistung Weizen-		Kraftbedarf	Gewicht **	Hauptmaße außer Betrieb in Betrieb			Fahrräder		Drahtwort
	Breite mm	⌀ mm	Umdr. i. d. Min.	Schlagleisten	Körner Ztr.	Stroh Ztr.	PS	kg	Länge m	Breite m	Höhe m	⌀ mm	Breite mm	
MKDD	1700 (67")	635 (25")	970	10	60–80 Korn/Stroh-Verhältnis 1:1,7 bis 1:1	etwa 110	30–35 ohne Hilfsapparate	7700	8,42 9,30	3,00 3,87	3,80 4,02	v. 1020 h. 1200	180	Mammut-zwei

* Gegen Berechnung. Die MKDD kann ohne Zubringer nicht genügend ausgenutzt werden.
** Gewicht und Höhe verstehen sich mit Selbsteinleger und Zubringer.

FÜR DEN KLEE-DRUSCH

LANZ

Einheimische Kleesamen-Gewinnung erspart jährlich viele Millionen Devisen.

Der Bedarf an Klee- und Luzerne-Samen wird heute nur zu einem geringen Teil durch die deutsche Erzeugung gedeckt. So war bei Rotklee-Samen im Durchschnitt der letzten Jahre nur 35% des Verbrauches deutscher Herkunft. Bei Luzerne ist dieser Anteil noch geringer. Für den Zwischenfruchtbau gewinnt der Inkarnatklee eine stetig wachsende Bedeutung. Der Bedarf an diesem Samen ist wesentlich höher als die deutsche Erzeugung. Der Ruf nach

einheimischen bodenständigen Kleeherkünften

verlangt dringend, daß die deutsche Kleesamenerzeugung mit allen verfügbaren Mitteln gefördert wird.

LANZ baut eine hochleistungsfähige Kleedreschmaschine

die aufgrund neuzeitlicher Erkenntnisse des Drusch-, des Ausreibe- und des Reinigungsvorganges entwickelt wurde und eine praktisch verlustfreie Gewinnung des Kleesamenertrages gewährleistet. Die LANZ Kleedreschmaschine KL VI drischt in **einem** Arbeitsgang auch feinsamige Kleearten und liefert bestgereinigten und bestsortierten Samen, der nach amtlichen Untersuchungsergebnissen je nach Art des Dreschgutes einen Reinheitsgrad bis zu 98 % aufweist.

Sauberer, verlustarmer Ausdrusch

ist nicht ihr einziger, jedoch ein sehr wichtiger Vorteil. Vielmehr stellt die LANZ Kleedreschmaschine KL VI in ihrer ganzen Konstruktion, ihrer einfachen Bedienung, ihren arbeitsparenden Einrichtungen in jeder Hinsicht eine Spitzenleistung dar. In harmonischer Anpassung dazu hat LANZ aus der Reihe seiner bewährten SK-Pressen eine entsprechende Lafetten-Presse geschaffen, welche das anfallende Heu preßt und die festgebundenen Preßballen aus der gerade beim Kleedrusch **lästigen Staubzone wegfördert**. Somit steht ein **geschlossener Kleedreschsatz** zur Verfügung.

Arbeitsweise:

Der Klee wird von der Dreschbühne aus auf den Handeinleger (oder Selbsteinleger) 1 geworfen, um ihn lagenweise verteilt, der Dreschtrommel 2 zuzuführen. Diese drischt die Kleeblumen zwischen den Schlagleisten und dem verstellbaren mit Reibeleisten besetzten Dreschkorb 3 vom Stroh ab und wirft beides auf den mit Staffelsieben 10–14 und Auflockerern 9–12 ausgerüsteten Staffelsiebschüttler 5. Das Dreschgut wird hier kräftig ausgeschüttelt, die restlichen Kleeblumen und Samen fallen durch die Staffelsiebe, während das Stroh über den Schüttler und Strohauslauf 17 die Maschine verläßt oder unmittelbar in eine angehängte Strohpresse fällt. Die durch die Staffelsiebe 10–14 gefallenen Kleeblumen und restlichen Samenkörner laufen über Sammelboden 11–16 zusammen mit den über Sammelboden 7 kommenden Blumen durch Zulaufrinne 13 (auf der linken Maschinenseite) in den Haupttreiber 18. Dieser reibt die Samenkörner aus den Blumen und wirft das Gemisch auf

1. Handeinleger (Selbsteinleger)
2. Dreschtrommel
3. Dreschkorb
4. Wickelbrett
5. Staffelsiebschüttler
6. Strohschüttlerklappe
7. Sammelboden
8. Abscheidesieb
9. Auflockerer
10. Staffelsieb
11. Sammelboden
12. Auflockerer
13. Zulaufrinne
14. Staffelsieb
15. Spritztuch
16. Sammelboden
17. Strohauslauf
18. Haupttreibapparat
19. Schüttelkasten
20. Reglerklappe
21. Nachreibapparat
22. Spreutrennsieb
23. Sammelboden
24. Reglerklappe
25. Kanal
26. Staffelboden

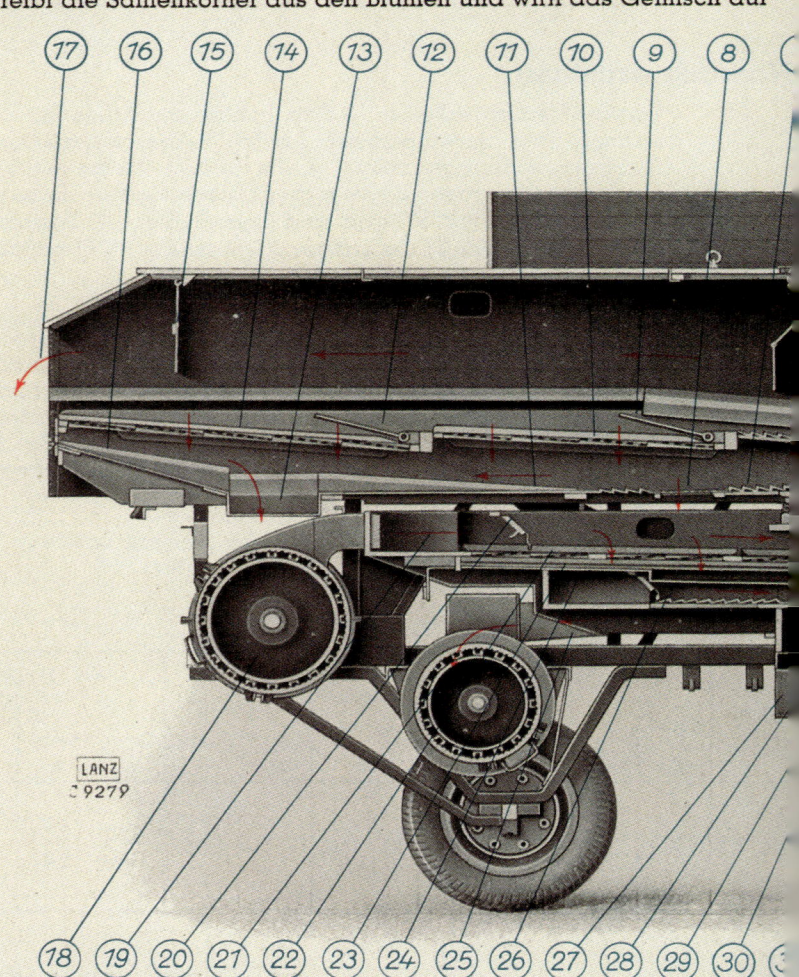

seiner rechten Seite auf das Spreutrennsieb 22 im Schüttelkasten 19. Sind die Samenkörner restlos ausgerieben, ist der Nachreiber 21 nicht zu benutzen. Es ist in diesem Falle der in Umleitrinne 29 steckende Blechschieber auf der rechten Maschinenseite einzuschieben, sodaß das vom Reiber ausgeworfene Gemisch, sowie die durch das Abscheidesieb 8 gefallenen Samenkörner über das Spreutrennsieb 22, den Rücklaufboden 23, Staffelboden 26, gemeinsam über die Sandsiebe 30–31–35 zum Saugrüssel 36 und zur zweiten Reinigung 38 laufen. Sind die Samenkörner bei feuchter, zäher Druschware vom Haupttreiber jedoch noch nicht restlos ausgerieben, muß der Nachreiber 21 mit eingeschaltet werden. Der Blechschieber der Umleitrinne 29 ist dann auf der linken Maschinenseite einzuschieben, sodaß die über das Spreutrennsieb 22 kommenden Blumen nach rechts über den Kanal 25 in den Nachreiber 21 laufen, der die letzten Samenkörner ausreibt und das Gemisch auf seiner linken Seite auf den Staffelboden 26 wirft, über welchen es ebenfalls zum Saugrüssel 36 gelangt.

eine neue S

Von den Sandsieben 30-31 abgesiebter Sand und Unkrautsamen verlassen über den Staffelboden 28 und den Staubkanal 27 die Maschine. Unter dem Saugrüssel werden die Samenkörner einem von einem auf der Trommelwelle sitzenden Sauggebläse 37 erzeugten Saugwindstrom ausgesetzt, der die Spreu absaugt und wegbläst. Samenkörner und schwerere Beimengungen laufen zu den Wechselsieben 39 und 40, der zweiten Reinigung, die Samenkörner fallen durch diese auf die Siebbrücke 44, während die groben Teile durch Ueberkehrrinne 34 in den Ueberkehrbläser 32 gelangen, der sie in die Maschine zurückfördert.

Die in der 1. und 2. Reinigung vorgereinigten Körner gelangen nun durch die Siebbrücke 44, deren Boden als Sieb ausgebildet ist, in die als Steigsichter ausgebaute Feinstreinigung und Sortierung 45.

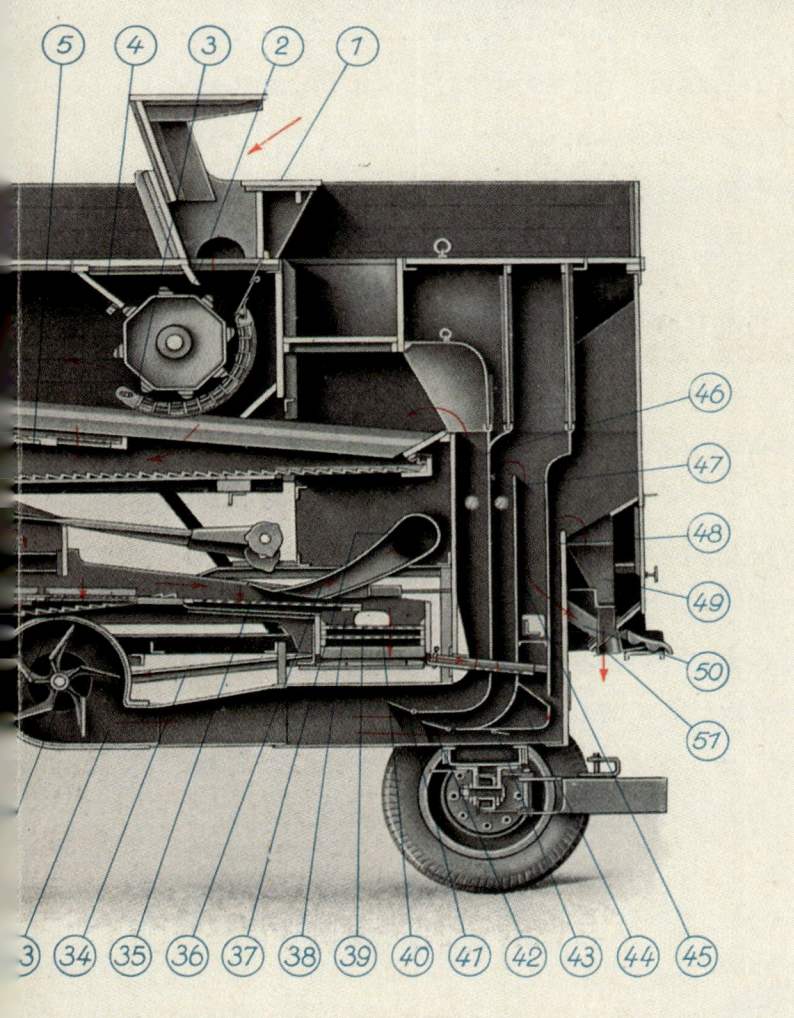

27. Staubkanal
28. Staffelboden
29. Umleitrinne
30. Vorderes Sandsieb
31. Hinteres Sandsieb
32. Ueberkehrgebläse
33. Gebläse
34. Ueberkehrrinne
35. Sandsieb
36. 1. Reinigung mit Saugrüssel
37. Spreubläser-Saugleitung
38. 2. Reinigung
39. Oberes Wechselsieb
40. Unteres Wechselsieb
41. Reglerklappe
42. Reglerklappe
43. Reglerklappe
44. Siebbrücke
45. Steigsichter
46. Steigkanal für Feinstreinigung
47. Steigkanal für Sortierung
48. Förderkanal für 1. Sorte
49. Sammelkanal für 1. Sorte
50. Sammelkanal für 2. Sorte
51. Sackeinläufe

Der für den Steigsichter nötige Wind wird vom Gebläse 33 erzeugt und streicht von unten durch die über die Siebbrücke gleitende Körnerschicht.
1. Kanal 46 für Feinstreinigung:
   Leichte Spreu- und Staubteilchen werden durch den Wind in die Maschine gefördert.
2. Sortierkanal 47:
   Aussichtung aller minderwertiger Körner 2. Sorte und des größten Teils des Unkrautsamens, welcher durch Kanal 50 und Sackauslauf 51 in einen angehängten Sack fällt.
3. Durch Kanal 48 die schwereren Samenkörner (1. Sorte) hoch in den Kanal 49, von wo sie ebenfalls in einen Sack geleitet werden.

Die Stärke des Windstromes in den einzelnen Kanälen wird durch die Reglerklappen 41-42-43 eingestellt.

Vorzüge der Bauart

Dreifache marktfertige Reinigung und Sortierung in 2 Sorten:
 1. Reinigung durch Saugwind.
 2. Reinigung durch Siebe.
 3. Feinstreinigung und Sortierung durch den **Steigsichter**.

Steigsichter:
Reinigung in aufsteigenden Windströmen. Erstmalige Anwendung bei einer Kleedreschmaschine.

Zwei Kleereiber:
Hauptkleereiber mit verstellbarer, schwerer konischer Reibetrommel, mit 20 U-förmigen Schlägern, Reibemantel mit auswechselbaren gerippten Perlitguß-Reibeplatten, Vorderteil abnehmbar. Reibetrommel ist am ganzen Umfang so bearbeitet, daß sich bei enger oder weiter Stellung immer ein gleichmäßiger Abstand (Spaltbreite) zum Reibemantel ergibt. Nur dadurch auch restloses Ausreiben der Samenkörner aus den Blumen möglich, bei größter Schonung der Körner.
Nachreiber wird bei feuchter, zäher Druschware eingeschaltet, um auch das letzte Samenkorn zu gewinnen, vom Werk auf günstigste Wirkung eingestellt, Vorderteil abnehmbar, mit auswechselbaren gerippten Perlitguß-Reibeplatten.
Schwere Schlagleistentrommel: Gute Leistung, gleichmäßiger Lauf der Maschine, Abdrusch vollkommen. Größte Schonung der Samenkörner.
Flachstahldreschkorb mit Hebelkorbverstellung und Schraubenfeineinstellung, jedem Dreschgut anzupassen. Zwischen je zwei Stäben sind Reibeleisten eingelegt, sodaß nicht nur gut abgedroschen, sondern auch teilweise der Kleesamen schon ausgerieben wird. Durch den freien Zwischenraum können die ausgeriebenen Samenkörner und ein Teil der Blumen fallen; sie kommen nicht mehr mit auf den Schüttler, daher Entlastung des Schüttlers.
Staffelsiebschüttler mit zwei eingebauten Auflockerern. Auf der großen Schüttelfläche werden die restlichen Samenkörner und Blumen vom Stroh getrennt. Auffallend kleine Schüttelverluste gegenüber den seitherigen Kleedreschern.

...schmaschine KL VI

Diese Spezialeinrichtungen der Kleedreschmaschine bürgen für ganz hervorragende Ergebnisse in Bezug auf:
  a) **Gesamterdrusch** an Samenkörnern, wie sie bisher von keiner Kleedreschmaschine und keinem Spezialreiber erreicht wurden.
  b) **Reinheitsgrad** der gesamt erdroschenen Körner.
  c) **Bruchfreien** Erdrusch und damit hohe **Keimfähigkeit** des erdroschenen Samens.
  d) **Leistung** bis 150 kg je Stunde bei einem Korn/Strohverhältnis von 1:4,3 bezw. 700—900 kg Gesamtdreschgut.

Weitere Vorteile:

Stahlrahmengestell aus bestem Baustahl, mit Holzverschalung.
Niedrige Bauart durch Einbau eines zum Kleedrusch besonders geeigneten, flachliegenden Staffelsiebschüttlers.
Geräumige Dreschbühne mit auslegbaren Tischen.
Eine Kurbelwelle bewegt alle Schüttel- und Siebwerke. Gewichtsausgleich zwischen den einzelnen Organen bringt ruhigen Stand der Maschine und leichten Lauf.
Ueberkehrgebläse fördert alle von der zweiten Siebreinigung ausgeschiedene Ueberkehr zur Maschine zurück. Kein Körnerverlust.
Spreubläser (Sauggebläse der ersten Reinigung, auf der Trommelwelle sitzend) saugt die Spreu ab und bläst sie von der Maschine weg.
Autolenkung am Vorderwagen (am Absackende!). Der große Einschlag der Vorderräder erlaubt ein Wenden der Maschine um das bogeninnere Hinterrad.
Wahlweise luftgummibereifte oder Eisen-Fahrräder.
Breitspur: Vorder- und Hinterräder spurend, sicheres Fahren.
Spindelfeststellböcke unter Vorder- und Hinterachse lassen ein rasches Aufstellen zu und geben der Maschine im Betrieb einen festen Stand.
Zugänglichkeit und Bedienung: Dreschkorb, Reibeapparate, Reglerklappen, Saugrüssel und Siebe sind sämtlich von außen verstellbar, bezw. leicht zugänglich. In besonders übersichtlicher Weise ist die Verstellung von Saugrüssel und Reglerklappen des Steigsichters am Absackende angeordnet.
Absackung nur auf der Rückseite, daher leichtes Aufstellen u. Arbeiten in engen Scheunen.
Staubabsonderung: Staub und Unkrautsamen fallen durch eine Rinne auf den Boden oder in einen angehängten Sack, das Absackende ist staubfrei.
Kugellager an allen Wellen, deshalb leichter Gang und Kraftersparnis.
Hochdruckpreßschmierung.
Antriebsmöglichkeit von allen vier Seiten.

LANZ Kleedreschmaschine KL VI

Bauart:

Stahlrahmengestell mit Holzverschalung; Kugellager an allen Wellen; Hochdruck-Preßschmierung an allen Lagern; schwere Schlagleistentrommel; schwenkbarer Dreschkorb mit Hebelkorbverstellung und Schraubenfeineinstellung; Staffelsiebschüttler; Hauptkleereiber; Nachreiber; dreifache Windreinigung und Sortierung in 2 Sorten; Spreubläser; Ueberkehrgebläse; Autolenkung am Vorderwagen (Absackende) mit großem Einschlag; Breitspur, vorn und hinten spurend.

Normalausrüstung:

Trommelbetriebsscheibe; 1 Satz Schutzvorrichtungen; 1 Satz kleine Betriebsriemen; 1 Satz Siebe bestehend aus: Spreutrennsieb 3 teilig, 3 Abscheidesieben, 5 Sandsieben, 4 Wechselsieben, Siebbrücke; Siebaufbewahrungskasten; große Leiter; kleine Leiter; Werkzeugkasten mit Schraubenschlüsseln; norddeutscher oder süddeutscher Handeinleger; Spreubläser mit 10 m Rohr; Schlepperdeichsel oder Pferdedeichsel mit Waage und Zugscheiten; 2 Feststellvorrichtungen am Vorderwagen; Fettpresse; 2 kg Kugellagerfett; Oelkanne; Rückstrahler; 2 Hebelunterschläge für Eisenräder.

Sonderausrüstungen (gegen Mehrpreis):

Hauptantriebsriemen (20 m lang, 130 mm breit); Pressenantriebsscheibe; 4 Spindelfeststellböcke; Pressenantriebsriemen; Winde (2000 kg Tragkraft); Drehzahlanzeiger; Zwickhebel; Anhängevorrichtung für Strohpresse; Selbsteinleger; Klotzbremse für Eisenräder, Innenbackenbremse für Luftgummibereifung. Die Maschine kann auf Wunsch mit Eisenrädern oder Luftgummibereifung geliefert werden. Luftgummibereifung ist im Maschinenpreis nicht einbegriffen.

Geeignete Strohpresse: SKD 250 auf 2 Rädern mit Lafette.

Abmessungen:

Marke	Trommel				Stündliche Leistung Körner kg	Kraftbedarf ohne Hilfsapp. PS	Gewicht kg	Hauptmaße außer Betrieb in Betrieb				Tisch Höhe mm	Fahrräder		Spurweite innen mm	Drahtwort
	Breite mm	⌀ mm	Drehzahl i.d.Min.	Schlagleisten				Länge m	Breite m	Höhe m			⌀ mm	Breite mm		
										Handeinleger	Selbsteinleger					
KL VI	1060	460	1250	8	50—150	12—14	3700	5,60 6,60	2,36 2,47	2,98 3,19	3,12 3,21	2530	775	150	1570	Kleesechs

HEINRICH LANZ MANNHEIM
AKTIENGESELLSCHAFT

Fernruf: 34411 · Drahtanschrift: Lanzwerk Mannheim · Drahtanschrift für die Lanz-Zweigstellen: „Lanzwerk"

Zweigstellen:	Fernruf:	Zweigstellen:	Fernruf:
Berlin W 9, Bellevuestraße 10	219226	Königsberg i. Pr., Bahnhofwallstraße	Pregel 41135
Breslau 13, Straße der SA. 35	38221	Magdeburg, Listemannstraße 17	22341
Hannover-Wülfel, Brabrink 4	84347	München-Laim, Landsberger Straße 328	80451
Köln, Oskar-Jägerstraße 143	50841 u. 42	Wien XXI, Shuttleworthstraße 8	A 61-0-60

Juli 1939

DW 3317/I
jylen

Tausend Landwirte sind sich darin einig:

Der Lanzknecht N 100 ist eine sehr leistungsfähige und vorteilhafte Stahl-Dreschmaschine für kleine und mittlere Betriebe. Die fortschrittliche Bauart sichert arbeit- und kraftsparenden Dreschbetrieb; die tadellose Drusch- u. Reinigungsarbeit verschaffen dem Besitzer, selbst bei hohen Reinigungsansprüchen der Abnehmer, sicheren Absatz.

So urteilen die Landwirte

Lanzknecht-Getreide? Das kauf ich gern!

über ihren

LANZKNECHT

..... Der Ausdrusch ist ganz sauber, es werden sogar die geringsten Körnchen aus den Aehren entfernt.	..... Besonders hervorheben möchte ich die einwandfreie Reinigung, die auch von meinem Kaufmann als glänzend bezeichnet wurde.
.... Reinigung und Schüttlung sind hervorragend, wie ich noch keine besser gesehen habe.	.... Die Bedienung ist äußerst einfach und bequem, das Einlegen ein wahres Vergnügen.

HEINRICH LANZ MANNHEIM
AKTIENGESELLSCHAFT

PD 2232/I

Der Lanzknecht N 100

ist in seiner Stahlbauweise der fortschrittlichste Typ einer Dreschmaschine für mittlere und kleine Betriebe.

Der Stahl als fast alleiniger Baustoff wies Wege in der Bauart, die von den üblichen völlig abweichen.

Das Maschinengestell ist ein kräftiges Stahlgefüge. Es dient der Lagerung der Wellen und gibt allen Maschinenteilen einen festen, unverschiebbaren Halt. Eine **Gestellhaube aus Stahlblech** umschließt den Schüttler. Sie kann nach Lösen einiger Schrauben über den Strohauslauf auf einer Führung abgezogen werden. Dadurch wird die Maschine in allen ihren Teilen zugänglich. Der Lanzknecht ist sehr niedrig und wegen des durchdrehbaren Vorderwagens sehr wendig.

Der Lanzknecht hat 3 Wellen: Trommel-, Wurfförderer- und Kurbelwelle, von denen die beiden ersten in Kugellagern laufen. Sämtliche Lagerstellen sind zur Schmierung von außen bequem zugänglich.

Der Lanzknecht wird **vom Erdboden aus** beschickt. Man legt die Garben auf einen Tisch und schiebt sie nach dem Aufschneiden einer schräg ansteigenden Bühne zu. Von unten her greifen Zacken durch die Bühne, welche das Getreide der Dreschtrommel selbsttätig und **sehr gleichmäßig** zuteilen. Es ist also niemand **auf** der Maschine erforderlich. Diese Art des Einlegens wird in der Praxis als eine große Arbeitserleichterung bezeichnet, verhindert Unglücksfälle (Herabfallen von der Maschine, Verletzungen durch die Dreschtrommel) und fördert das Dreschtempo.

Die offene Schlagleistentrommel läuft in Flansch-Kugellagern. Mitsamt der Welle und den Riemenscheiben kann man sie nach Entfernung eines Deckels nach oben herausheben.

Ein **Wurfschüttler** sorgt für restlose Ausschüttlung des gedroschenen Strohes. In der I. Reinigung entfernen sich Staub, Sand und Unkrautsamen auf ihrem Weg über einen breiten und langen Siebboden aus dem Dreschgut. Der **Spreubläser** nimmt die reine Spreu an und bläst sie fort. Ein **Entgranner,** der leicht zugänglich ist, kann zur weiteren Bearbeitung der Körner benutzt, aber auch durch Verstellung eines Schiebers umgangen werden. Durch den **Wurfförderer** werden die Körner in die II. Reinigung gehoben.

Die **Siebsortierung** verteilt die marktfertig gereinigten Körner sortenweise auf die verschiedenen Sackeinläufe. Die **Absackvorrichtung** befindet sich unter der II. Reinigung **auf der Seite.**

Die vorteilhaften Einrichtungen und die Vorzüge der Arbeitsweise des Lanzknecht werden überall in der Landwirtschaft anerkannt. Das beweist am besten seine Verbreitung.

Ausrüstung (im Maschinenpreis einbegriffen)

Schutzvorrichtungen
Trommelbetriebsscheibe
Pferdedeichsel mit Waag- und Zugscheiten
Radunterschläge
Strohablauf
Siebe für Getreidedrusch
Kleine Betriebsriemen
Spritztücher
Oelkanne
Schraubenschlüssel

Spreubläser mit 5 m Rohrleitung und Auslaufhaube.

Sonderausrüstungen (gegen Mehrpreis)

Antriebsriemen, Bremse, Schutzdecke, Drehzahl-Anzeiger, Holzstütze für die Spreubläserrohrleitung, Werkzeugkasten, Siebaufbewahrungskasten; **Einrichtungen zum Dreschen verschiedener Feldfrüchte.**

Abmessungen

Marke	Trommel				Stündl. Leistung Weizen-		Kraftbedarf	Gewicht	Hauptmaße außer Betrieb in Betrieb			Fahrräder		Drahtwort
	Breite	Ø	Umdr. i. d. Min.	Schlagleisten	Körner	Stroh			Länge	Breite	Höhe	Ø	Breite	
	mm	mm			Ztr.	Ztr.	PS	kg	m	m	m	mm	mm	
N 100	1700 (67")	410 (16")	1300	6	12—16 Korn Strohverhältnis 1:1,7 bis 1:1	etwa 20	6—7	1650	4,40 / 5,40	2,70 / 2,70	2,10 / 2,70	550	100	Lanzknecht

LANZ DA 30

Groß-Schmaldreschmaschine aus Stahl

LANZ

Groß-Schmaldreschmaschine **DA 30**

Der Stahl-Lanz DA 30 ist mit seinem Aufbau und mit seiner ganzen Durchbildung

ein gewaltiger und grundlegender Fortschritt

auf dem Gebiete des Großdreschmaschinenbaues. In Verbindung mit dem 55 PS Bulldog als Antrieb und der eigens für diesen Zweck entwickelten Schwingkolben-Strohpresse SKB 1000 ergibt sich mit der DA 30

ein für den Großbetrieb hochleistungsfähiger Dreschsatz

für schnelle und wirklich wirtschaftliche Erntebergung.

Bauart:
Stahlrahmengestell; Verkleidung aus galvanisiertem Stahlblech; Kugellagerung; Hochdruckpreßschmierung an allen Lagern; selbsttätiger Ferneinleger mit Garbenaufschneider; offene, breite Stiftentrommel; auswechselbare Stiftendreschkorbteile, Strohleittrommel; vierteiliger Hordenschüttler auf zwei Wellen gelagert; Schwingnachschüttler; dreifache Windreinigung (Saug- und Druckwind); Spreubläser; Aehrenhebegebläse; Entgranner mit Geflecht- oder Gußdeckeln, abschaltbar und mit mehreren Einläufen; Körnerförderer; doppelt verstellbarer Sortierzylinder.

Ausrüstung:
Trommelbetriebscheibe; Schutzvorrichtungen; kleine Betriebsriemen; normale Siebe; Siebaufbewahrungskasten; drei Korbplatten mit gerippten Zähnen; Leiter; Werkzeugkasten; Schraubenschlüssel; 2 kg Kugellagerfett; Oelkanne; Rückstrahler; Pferdedeichsel oder Schlepperdeichsel; 10 m Rohr nebst Holzstütze zum Spreubläser; 1 Satz Reserveteile.

Sonderausrüstungen (gegen Mehrpreis):
Antriebsriemen; Pressenantriebscheibe; Winde; Zwickhebel; Deichsel für Schlepper- **und** Pferdezug; Bremse; 4 Spindelfeststellböcke mit Aufhängevorrichtung; Anhängevorrichtung zum Anhängen der SKB 1000; Sackheber; Verlängerung des Garbenförderers; Aufsatzbleche; Voll- oder Luftgummibereifung; Innenbackenbremse (nur für Gummibereifung); Radschuh mit Kette; Körnerförderer; Absackrohr; Waage mit Zugscheiten.
Einrichtungen zum Dreschen verschiedener Fruchtarten.

Geeignete Strohpressen für DA 30:
Schwingkolbenpresse SKB 1000, Ballenpresse BP 650.

Abmessungen:

Marke	Gestellweite mm	Breite mm	Trommel Ø mm	Trommel Umdr. i.d. Min.	Stiftenreihen	Stdl. Leistung Weizen-Körner kg	Stdl. Leistung Weizen-Stroh kg	Kraftbedarf PS	Gewicht kg	Hauptmaße außer Betrieb Länge m	Hauptmaße außer Betrieb Breite m	Hauptmaße außer Betrieb Höhe m	Kurzstrohauslauf Höhe mm	Langstrohauslauf Höhe mm	Fahrräder Ø mm	Fahrräder Breite mm	Spurweite innen mm	Drahtwort
DA 30	1230	800	565 / 22"	1075	12	2750 bis 3500 Korn/Strohverhältnis 1:1,7 bis 1:1	etwa 4750	etwa 35	4700	8,15 / 9,84	2,58 / 2,58	3,03 / 3,34	1125	2220	950	200	v. 1100 h. 1500	Stahldreißig

HEINRICH **LANZ** MANNHEIM
AKTIENGESELLSCHAFT
Fernruf: 34411 · Drahtanschrift: Lanzwerk Mannheim

DT 2956/IV
jylen

So einfach in der Konstruktion
so zuverlässig bei der Arbeit

LANZ SK STROHPRESSEN

Eine Strohpresse, die nicht zuverläſſig arbeitet, deren Bindung verſagt, eine Preſſe, die formloſe, lockere Ballen liefert, verteuert den Dreſchbetrieb, vergeudet Kraft und Material. Dem Lohndreſcher aber laufen die Kunden davon. Dieſe Schwierigkeiten gibt es bei einer Lanz-Schwingkolbenpreſſe nicht.

Die Zuverlässigkeit, die sichere Bindung, die gute Ballenabteilung und Pressung, der leichte Gang der Schwingkolbenpresse

werden immer wieder durch die Beſitzer beſtätigt. Leſen Sie, was Bauern, Lohndreſcher und Dreſch-Genoſſenſchaften über unſere SK-Preſſen ſagen:

... Die tiefe Bauart der Presse gestattet die Zubringung des Kurzstrohes auf einfachstem Wege, das gepreßte Stroh wird von der Presse auf recht weite Strecken unter Verwendung einfachster Hilfsmittel befördert. Der Ersatz des schweren Wagens der alten Presse durch einnen Schwingkolben erscheint uns als besonders glückliche Lösung ...
Neu-Calenberg, den 15. April 1935. **Gutsverwaltung**
bei Warburg i. W. **Neu-Calenburg.**

... Man weiß auch gar nicht, was man an dieser **SK 1000** mehr vorheben soll. Den ruhigen, leichten Gang, die Automobilsteuerung oder die Bindung. Durch die Automobilsteuerung ist ein Mann in der Lage, auch im schlechtesten Hof, die Presse zu rangieren. Die Bindeapparate, sonst das Schmerzenskind von uns Lohndreschern, sind hier die Empfehlung für die ganze Dreschgarnitur ...
Rheingönheim, den 29. Januar 1935. **Gebr. Völker,**
Lohndrescherei.

... und daß die Maschine die Erwartungen weit übertroffen hat.
Haundorf, Obfr., **Dreschgenossenschaft Haundorf,**
den 17. Januar 1935. **Nagel,** Vorstand.

... Die Bindeapparate arbeiten vorzüglich ...
Datterode, den 3. Oktober 1934. **Christoph Jakob,**
Dreschmaschinenbesitzer.

... Sie arbeitet unter den schwierigsten Verhältnissen von morgens bis abends, ohne daß man danach sieht ... Ihre Bauart ist sehr sinnreich ausgedacht, sodaß sie sich jeder Scheune anpaßt. Ueber ihre Leistung staunt die Kundschaft, sodaß jeder Kunde die Schwingkolbenpresse haben will ...
Berstadt, den 12. Januar 1934. **Richard Kauß**
Dreschmaschinenbesitzer.

... und der durch eingebaute Kugellager bedingte leichte Gang und äußerst geringe Kraftverbrauch zu erwähnen.
Wonfurt, den 3. Dezember 1933. **Dreschgenossenschaft,**
Vorstand **J. Rieß.**

... Eine Strohpresse hat jetzt 940 Stunden und die andere 860 Stunden gearbeitet und arbeiten meiner Ansicht nach jede 4 bis 5000 Stunden ohne eine Mark Reparatur ... Da haben Euere Ingenieure hervorragende Erfindungen ausstudiert, weil es gar so bequem ist. So viel Interessenten kommen und besichtigen die Pressen. Jeder staunt über die schöne Arbeitsweise, einige haben sich solche angeschafft, viele sagen, ich kaufe mir auch eine solche Presse ...
Kothingeichendorf, den 27. November 1933. **Franz Bauer.**

... die Bunde werden im Gewicht von 30—60 Pfund in schöner vierkantiger Form fest und gut gebunden ... Das Arbeiten mit der Strohpresse **SK 400** ist im Gesamtbetrieb sehr zuverlässig.
Stollhamm, den 28. Mai 1935. **Dreschgenossenschaft Kloster**
in Oldenburg. **Rudolf Kloppenburg.**

... Vor allen Dingen möchte ich die leichte Transportfähigkeit, Bindesicherheit, sowie die Ersparnis an Kraftbedarf nicht unerwähnt lassen. Zu den größten Vorzügen der SK-Strohpresse rechne ich die saubere Verarbeitung des Kurzstrohes, von der sich meine Kunden immer wieder überzeugt haben ...
Vellern, den 25. Mai 1935. **Ferd. Rickfelder,**
bei Beckum. Lohndrescherei.

Genügt diese Auslese? Wir könnten sie noch beliebig fortsetzen!

Die Vorteile der SK-Pressen zusammengefaßt:

Die kurze, gedrängte Bauweiſe ▪ die ſpielend leichte Steuerung infolge der Automobillenkung ▪ der geringe Platzbedarf ▪ der ruhige, ſichere Stand ▪ die ideale Strohzuführung ▪ die reſtloſe Verarbeitung des Kurzſtrohes ▪ der ſaubere, ſtörungsfreie Betrieb ▪ die zuverläſſigen Bindeapparate ▪ die rechteckigen feſten Ballen ▪ die erſtaunlich hohe Förderungsleiſtung ▪ der ſpielend leichte Gang ▪ der geringe Kraftbedarf ▪ die einfache Arbeitsweiſe ▪ die geringfügige Wartung ▪ die großen Leiſtungen ▪ der ſparſame Bindfadenverbrauch.

Sie schaffen Arbeitserleichterungen und große wirtschaftliche Vorteile, die auch Jhnen zugute kommen, wenn Sie mit Lanz-SK-Preſſen arbeiten. Die nächſte Lanz-Vertretung oder -Zweigſtelle, ſowie unſer Stammhaus in Mannheim werden Jhnen auf Anfrage gerne weiteren Aufſchluß geben.

Marke:	SK 300	SK 350	SK 400	SK 500	SK 600	SK 1000
Strohleistung:	bis 35 Ztr.	bis 40 Ztr.	bis 45 Ztr.	bis 55 Ztr.	bis 80 Ztr.	bis 150 Ztr.
Kraftbedarf:	½—1 PS	1 PS	1—2 PS	2 PS	2—3 PS	3 PS

HEINRICH LANZ MANNHEIM
AKTIENGESELLSCHAFT

SKD 250

Für den kleinbäuerlichen Betrieb

LANZ
Schwingkolben Stroh-Pressen

SKA 250

Das Wegschaffen des Strohes von der Dreschmaschine ist auch im kleinen Betrieb nicht nur eine lästige, sondern auch sehr anstrengende Arbeit.

Abhilfe schafft hier die Strohpresse!

Mit den neuen SKD 250 und SKA 250

bringt LANZ zwei Pressen, die für die Verhältnisse des bäuerlichen Betriebes bestimmt sind. Der Aufbau dieser neuen Kleinpressen entspricht den bereits bekannten und zu Tausenden bewährten Modellen der LANZ Schwingkolben-Bauart. Sie zeichnen sich aus durch die direkte Strohzuführung von oben, saubere Einbettung des Kurzstrohes, den Gütegrad der Pressung, erstklassige Ballenabteilung und sicher bindende Knüpfapparate.

Saubere, feste Ballen sparen Arbeit, Raum und Bindegarn!

Ausrüstung (im Maschinenpreis einbegriffen)

Schutzvorrichtungen, Ballenführungseisen, Untersatzkeile für die Hinterräder, Schraubenschlüssel, Oelkanne.

Sonderausrüstungen (gegen Mehrpreis)

Pressenantriebscheibe (an der Dreschmaschine), Antriebsriemen, Strohüberlaufbrett bezw. Kurzstrohschurre, Ballenführungsstangen 3 mtr. lang.

Abmessungen

Bezeichnung	Kanal Breite mm	Kanal Höhe mm	Schwungrad Ø mm	Schwungrad Breite mm	Schwungrad U. i. d. Min.	Leistung Weizenstroh je Stunde etwa kg	Kraftbedarf etwa PS	Gewicht etwa kg	Hauptmaße außer Betrieb in Betrieb Länge m	Hauptmaße Breite m	Hauptmaße Höhe m	Fahrräder Ø vorn mm	Fahrräder Ø hint. mm	Fahrräder Breite mm	Spurweite mm	Drahtwort
SKD 250	850	300	700	70	280	bis 1000	½—1	480	2,15 / 1,95	1,83 / 1,83	1,60 / 1,92	250	250	80	v. 980 h. 750	Eskadezweihalb
SKA 250	1300	300	700	70	280	bis 1250	½—1	600	2,15 / 1,95	2,28 / 2,28	1,60 / 2,05	250	250	80	v. 1430 h. 1020	Eskaazweihalb

HEINRICH LANZ MANNHEIM
AKTIENGESELLSCHAFT

Fernruf: 34411 · Drahtanschrift: Lanzwerk Mannheim

Drahtanschrift für die Lanz-Zweigstellen: „Lanzwerk"

Zweigstellen:	Fernruf:		
Berlin W 9, Bellevuestraße 10	21 9226	Köln-Zollstock, Höningerweg 115/31	95941/42
Breslau 13, Kaiser-Wilhelm-Straße 35	38221	Königsberg i. P., Bahnhofwallstraße	Pregel 41135
Hannover-Wülfel, Brabrink 4	84347	Magdeburg, Listemannstraße 17	22341/43
		München-Laim, Landsberger Straße 328	München 80451

PT 2897
notsi

LANZ

Strohpresse SKB 1000

mit Schwingkolben

ist der Beweglichkeit des Stahl-Lanz angepaßt

Stahl-Lanz und Presse SKB 1000 werden in geschlossenem Zuge gefahren.

Im Interesse größter **Leichtzügigkeit** besitzt die Presse zwei große und breite Fahrräder, die mit den gleich dimensionierten Hinterrädern des Stahl-Lanz DA 3 spuren. Durch das Fahren in **einem** Zuge wird das umständliche Ausrichten von Dreschmaschine und Presse zum Drusch vermieden. Abstand und Richtung bleiben durch die Kupplung ständig gewahrt. Der Pressenriemen kann nach Ankunft am Dreschplatz ohne Weiteres aufgelegt werden. Die zum Stellungswechsel erforderliche Zeit wird demnach auf ein Mindestmaß beschränkt.

Im übrigen besitzt die Strohpresse SKB 1000 die bekannten, typischen Vorzüge aller Lanz-Schwingkolben-Pressen:

Konkurrenzlos feste, gedrungene Stahlbauart
Ideale Stroh- und Kurzstrohzuführung
Ruhiger Gang, geringer Kraftbedarf
Feste Pressung, sichere Bindung, gute Ballenabteilung

PD 2046

LANZ

Stahl-Lanz-Dreschsatz fahrbereit

Während des Betriebes bleibt die Verbindung zwischen Stahl-Lanz und SKB 1000 bestehen. Beim Standortwechsel bzw. beim Anziehen des Schleppers bildet sich der zum Fahren und Wenden nötige Raum zwischen Dreschmaschine und Presse durch die Kupplung automatisch und wird begrenzt durch eine selbsttätig wirkende Sperrklinke. Für die Arbeitsstellung wird nach Auslösen der Sperrklinke die Presse von Hand an den Stahl-Lanz herangedrückt.

Ausrüstung (im Maschinenpreis einbegriffen): Schutzvorrichtungen, Unterschläge für die Räder, Ballenschurre, Hochdruckschmierpresse, Büchse mit 2 kg Schmierfett, Ölkanne, Schraubenschlüssel, 2 Hebebäume zum Fahren der Presse ohne Dreschmaschine.

Sonderausrüstungen gegen Mehrpreis: Antriebsriemen, Schutzdecke, Winde, Läutewerk, Ballenzähler

Abmessungen

Marke	Kanal Breite mm	Kanal Höhe mm	Schwungrad Ø mm	Schwungrad Breite mm	Schwungrad Umdr. i. d. Min.	Leistung Weizenstroh je Std. etwa Ztr.	Kraftbedarf etwa PS	Gewicht etwa kg	Hauptmaße außer Betrieb in Betrieb Länge m	Breite m	Höhe m	Fahrräder Ø mm	Breite mm	Drahtwort
SKB 1000	1100	340	rechts 575 links 675	180	585	bis 120	3—4	2600	3,90 2,10	2,25 2,25	2,60 2,60	1050	180	Eskabe

HEINRICH LANZ MANNHEIM
AKTIENGESELLSCHAFT

In der Ernte
liegen die Schwierigkeiten des ganzen Kartoffelbaues

Die
LANZ-Kartoffel-Erntemaschine „Original Harder"
Typ Standard „D"

überwindet alle Schwierigkeiten

in bisher nicht gekannter Weise

durch die bahnbrechende Konstruktion des Scharstieles hinter dem Ablegestern.
Diese uns vielfach geschützte Konstruktion ist das Ergebnis jahrzehntelanger Erfahrungen

Kein Verstopfen
des Scharstieles durch Kraut oder Unkraut

Kein Beschädigen
der Kartoffeln, vielmehr

sanftes Auskehren
des Kartoffeldammes und hierdurch

geringe Ablegebreite
von nur etwa 1 Meter

Schonung der Zugtiere
durch große Leichtzügigkeit. 2 mittlere Pferde genügen für den ganzen Tag ohne Gespannwechsel.

PD 2208

Die Kartoffel-Erntemaschine „Original Harder" wurde bei der letzten Prüfung der D.L.G. 1931
mit dem **1. Preis mit der großen silbernen Denkmünze** ausgezeichnet.

Keine landwirtschaftliche Maschine arbeitet unter so ungünstigen Bedingungen wie der Kartoffelroder! Wenn Sie nach der Kartoffelernte Ihre Maschine vom Felde holten, dann werden Sie, sehr zu Ihrem Nachteil, den zerstörenden Einfluß festgestellt haben, den Staub, Schmutz und Krautteile auf das Getriebe ausübten. **Das neue Gußrahmen-Gehäuse der Typ Standard D (patentamtl. gesch.) beseitigt diese Nachteile mit einem Schlage!**

Staub- und ölsicher lagert das Getriebe im Oelbad

und ist hierdurch jedem nachteiligen Einfluß entzogen, fördert außerdem die Leichtzügigkeit und erhöht die Lebensdauer der Maschine. Hierzu tragen auch **die auswechselbaren Buchsen**, mit welchen die am meist beanspruchten Lagerstellen des Rahmens ausgerüstet sind, erheblich bei. Wenn Sie früher mitten in der Arbeit immer wieder anhalten mußten weil Ihre Maschine nicht mehr vorwärts kam, da der Scharstiel sich mit Kraut und Unkraut völlig verstopfte, dann werden Sie sich gewünscht haben, daß hier einmal gründlich Abhilfe erfolgt.

Die bahnbrechende Scharstiel - Anordnung
(mehrfach patentamtl. gesch.)

welche nach dem übereinstimmenden Urteil maßgebender Fachleute aus Landwirtschaft und Industrie in der Verlegung des Scharstiels hinter den Ablegestern erblickt wird, führt zu einer fortwährenden selbsttätigen Reinigung dieses wichtigen Teiles der Maschine. Sie werden auf den ersten Blick das Verblüffende dieser Konstruktion erkennen.

Unbeschädigte Marktkartoffeln.

Es ist Ihnen sicher nicht gleichgültig, wenn man Ihnen nach Ihren vielen Mühen im Herbst für Ihre Kartoffeln einen geringen Preis bietet, nur deshalb, weil durch die Anwendung der Maschine die Kartoffeln beschädigt worden sind. Wie oft haben Sie auch beim Oeffnen der Mieten im Frühjahr festgestellt, daß ein großer Teil der überwinterten Knollen verfault war, weil sie bei der Ernte angeschlagen wurden. **Bei unserer neuen Maschine werden die Kartoffeln in sanfter Weise aus dem Damm gewissermaßen „ausgekehrt".** Dies wurde herbeigeführt durch die Verlegung des Scharstiels hinter den Ablegestern, dessen Umdrehung dadurch wesentlich verringert werden konnte. Kein schlagartiges Herausschleudern der Kartoffeln! Besonders wichtig bei der Ernte aller zartschaligen Kartoffeln, sowie Saatkartoffeln und Kartoffeln, die eingemietet werden.

Wenn die Nachtfröste sich einstellen und die Erntearbeit durch die im Herbst oft zur Regel gewordenen Regengüsse nicht vorwärtsging, wenn Ihre Leute kein Vergnügen mehr fanden, im Schmutz herumzukriechen, dann haben Sie sicherlich gewünscht, daß das Auflesen der Kartoffeln schneller und bequemer vor sich gehen könnte.

Die schmale Ablegebreite von etwa 1 Meter

die durch die neue Arbeitsweise erreicht wird, vermeidet das unnötige Hin- und Herknien auf dem Boden und ermöglicht ein schnelles Absammeln, da die Kartoffeln im Bereich der beiden Hände liegen.

Wie oft haben Sie früher schon auf dem Acker gestanden und konnten das Schar Ihrer Maschine den wechselnden Verhältnissen nicht anpassen, weil der Schraubenschlüssel nicht zur Hand war.

Die neue, handliche und zuverlässige Schareinstellung unserer Maschine

ermöglicht Ihnen, während der Arbeit sich schnell und auf das Genaueste allen Verhältnissen anzupassen. Ackerbestellung und Kartoffelernte fallen zusammen. Jedes Pferd wird benötigt! Da ist es nicht gleichgültig, ob Sie vor einen Kartoffelroder 2 oder 4 Pferde spannen müssen. Es ist deshalb für Sie von großem Wert, zu wissen, daß sich unser neues Modell durch

große Leichtzügigkeit

auszeichnet. 2 mittlere Pferde genügen für den ganzen Tag ohne Gespannwechsel. Dieses günstige Ergebnis wurde erzielt, durch die neuartige Schareinstellung welche es ermöglicht, das Schar bei der Arbeit flach zum Boden einzustellen. Hierdurch fällt der hohe Zugkraft benötigende, Schardruck fort. Ob Sie leichten Sandboden oder schweren bündigen Boden haben, ist auf die Arbeitsweise der Maschine ohne Einfluß.

Für alle Böden geeignet,

leistet sie überall gute Arbeit.

Eine extra breite Fahrradachse,

die nach links verlängert ist (patentamtl. gesch.) verleiht der Maschine einen ruhigen Gang und ermöglicht ihre Verwendung in allen Reihenentfernungen von 40—70 cm sodaß auch die anormalen Reihenweiten mit der Maschine bearbeitet werden können.

Starke Fahrräder zweckmäßiger Konstruktion

deren Formung sich auf Grund jahrzehntelanger Erfahrung als die günstigste erwiesen hat, gewährleisten ein unbedingt sicheres Anhaften am Boden. In Verbindung mit der doppelten Sperrklinkensicherung, die in den Nabengehäusen untergebracht ist, wird ein stockungsfreies Arbeiten des Ablegesterns herbeigeführt.

Wer eine Kartoffelerntemaschine einmal geführt hat weiß, wie ermüdend das Laufen im weichen Boden ist

Typ Standard D

LANZ-Kartoffel-Erntemas

Vorderwagen und Kutschersitz

mit denen auch früher gekaufte Maschinen versehen werden können, erleichtern Ihnen die Arbeit ungemein und nicht nur allein das, auch ältere Leute und Kriegsbeschädigte können jetzt die Maschine führen. Die Verwendung des Vorderwagens schaltet die Schwankungen, die durch den Gang der Zugtiere verursacht, und auf die Maschine übertragen werden, aus. Das Schar wird in gleichbleibender Lage durch den Boden geführt. Die Verwendung von Kutschersitz und Vorderwagen macht stets das Vorhandensein der extra breiten Fahrradachse zur Bedingung.

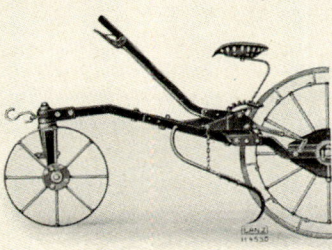

Rutscht erst einmal die Maschine während der Arbeit auf dem Acker, dann ist es mit der guten Arbeit vorbei. Diese, leider so oft zu machende Beobachtung hat ihre Ursache in einer unzweckmäßigen Fahrradkonstruktion.

Auswechselbare Buchsen.

Die am meisten beanspruchten Lagerstellen sind mit auswechselbaren Buchsen versehen.

Die außerordentliche Stabilität

der Maschine, welche durch das starre Gußrahmengehäuse, dessen Abmessungen reichlich gewählt sind, erreicht wird, macht den Lanz-Kartoffelroder „Original Harder" Typ Standard D in hervorragender Weise zur Verwendung hinter dem Schlepper geeignet. Die Leistungssteigerung ist hierdurch eine außerordentliche. Es wurden hinter dem Bulldog mit 2 zusammengekoppelten Maschinen in 24 Stunden (bei einem 3-Schichten-Betrieb) bis zu 40 Morgen Kartoffeln gerodet.

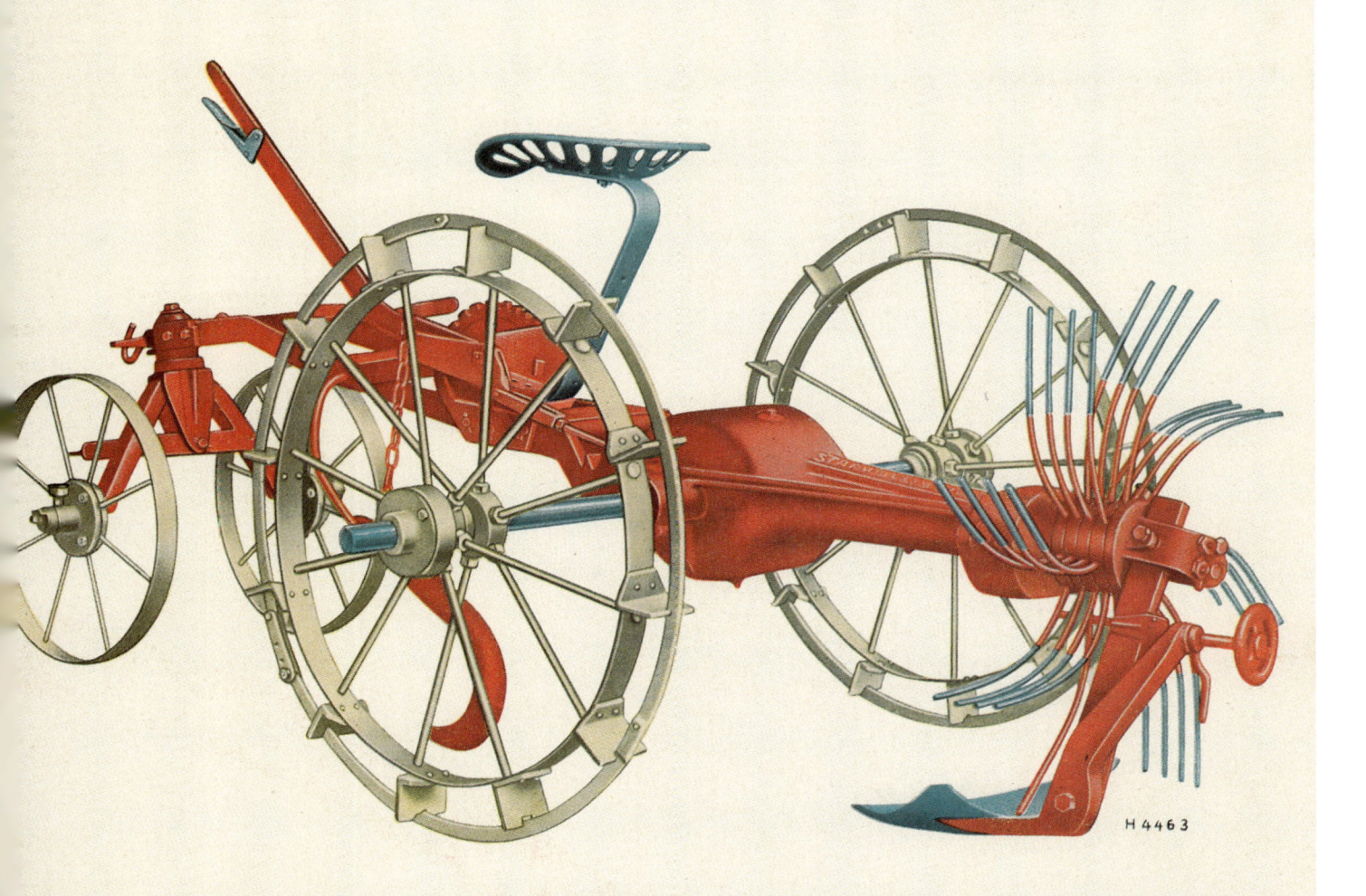

ne „ORIGINAL HARDER"

Tagesleistung	Bedienung	Zugkraft	Gewicht	Ausrüstung
etwa 1½ — 2 ha oder 6—8 Morgen bei Gespannbetrieb und 10-stünd. Arbeitszeit	nur der Geschirrführer	2 mittlere Pferde	etwa 345 kg	ohne weitere Berechnung: Kutschersitz, Vorderwagen, breite Achse, Deichsel, Waage mit 2 Schwengeln, Brustholz, 2 Schraubenschlüssel, 1 Gebrauchsanweisung

Auszug aus den „Mitteilungen der deutschen Landwirtschafts-Gesellschaft (D.L.G.) Berlin"
47. Jahrgang, Stück 19 vom 7. Mai 1932, Seite 341-342

Berichte über Maschinenprüfungen
Hauptprüfung von Kartoffelerntemaschinen im Jahre 1931

Berichterstatter: Direktor Salomon-Bernburg.

Richter außer dem Berichterstatter: Oberamtmann Dr.-Ing. e. h. Schurig-Markee, Oberamtmann Mankiewicz-Falkenrehde und in Vertretung des durch Krankheit verhinderten Geheimrats Professor Dr. Fischer-Berlin: Dr. Schlabach und Oberlandwirtschaftskammerrat Dipl.-Ing. Victor.

Von den 25 angemeldeten Maschinen und Geräten erschienen 21 Stück. Die Prüfung wurde auf den v. Borsigschen Gütern in Groß-Behnitz bei Nauen (Direktor Cronemeier) durchgeführt, und zwar bei den meisten Maschinen 5 Wochen lang unter ständiger Aufsicht. Die Schlepper-Kartoffel-Erntemaschine Mc Cormick wurde bei Dr. Selschopp in Scharstorf bei Rostock geprüft, weil sie an eine Reihenweite von 75 cm gebunden ist. An beiden Prüfungsstellen waren die Kartoffeln vorwiegend auf lehmigem Sandboden gepflanzt und wiesen nur mäßiges Kraut auf.

Allgemeiner Eindruck.

Es sind zweifelsohne Fortschritte erzielt worden. Diese beziehen sich in der Hauptsache auf die Verringerung der Zugkraft und bei einzelnen Maschinen auf den organischen Einbau des Sitzes. Auch in der Durchbildung von Einzelteilen konnten bei mehreren Maschinen erhebliche Verbesserungen festgestellt werden. Die Verringerung der Zugkraft gelang in der Hauptsache durch die Verringerung der Umfangsgeschwindigkeit des Schleuderrades. Diese Umfangsgeschwindigkeit glaubte man früher zwischen 5 und 6 m wählen zu müssen. Bei den heutigen Maschinen kommen einige Firmen mit einer Umfangsgeschwindigkeit von etwa 3,5 m aus. Die Verringerung der Umfangsgeschwindigkeit ist ermöglicht worden durch die federnde Ausbildung der Wurfräder **und insbesondere durch das Vorgehen der Firma Harder, den Scharstiel hinter das Schleuderrad zu verlegen und somit ein Verstopfen des Schares zuverlässig zu verhindern. Es sei hier anerkannt, daß die ingenieurmäßige Behandlung der Konstruktion der Harderschen Maschine zu ganz erheblichen Fortschritten geführt hat.**

Die auch bei dieser Hauptprüfung zum Teil angewandten federnden Fangrechen zeigten im allgemeinen eine geringe, manchmal sogar eine schädliche Wirkung. Nur der von der Firma .... vorgeführte doppelte Holzrechen erfüllte seine Aufgabe, ist jedoch recht schwer, und seine Vorteile sind nicht so groß, um seine Anwendung bei den preisgekrönten Maschinen, die ohne Fangrechen auskommen, zu rechtfertigen.

Zu beanstanden war, daß bei manchen Maschinen die Einzelteile recht primitiv ausgeführt waren. Dies bezieht sich in der Hauptsache auf die Tiefenstellung, die Deichseleinregelung, die Zugänglichkeit der Handhabe und auf einzelne Fahrradkonstruktionen. Die Abmessungen mancher Teile, besonders bei der Aushebung, waren zuweilen an die äußerst zulässige Grenze, so daß die Seitensteifigkeit schon zu wünschen übrig läßt. Der Versuch, den Scharstiel so anzuordnen, daß dieser von dem senkrechten Schleuderrad gereinigt wird, führte bei einigen Firmen zu recht gequälten Konstruktionen.

Einzelbetrachtungen.

1. Georg Harder A.-G., Lübeck. Kartoffelerntemaschine „Original Harder", Standard D mit staubdichtem Gußgehäuse, Oelbadgetriebe, und organisch angebauter Vorderkarre, Gewicht 320 kg, Preis 360 RM.* **Diese Maschine ist konstruktiv am besten durchgebildet.** Besonders ist die sorgfältige Konstruktion der Fahrräder zu beachten. Der Bedienungshebel ist handgerecht. **Es ist dies die Maschine, die bei der Reinigung des Scharstiels durch das davorliegende Schleuderrad die beste Lösung darstellt.** Ebenso ist die Verstellung der Scharneigung durchaus einwandfrei. Es verdient anerkannt zu werden, daß es der Firma Harder gelungen ist, durch sorgfältige Konstruktion mit dieser und dem Typ D dem Kartoffelerntemaschinenbau neue Wege gewiesen zu haben. Die Preisrichter haben deshalb diesen beiden Maschinen zusammen einstimmig einen 1. Preis zuerkannt.

2. Für kleine und mittlere Betriebe baut die Firma Harder den Typ D. Diese Maschine verwendet für Schar und Schleuderrad die gleichen Konstruktionen. Es entfällt bei dieser Maschine der Vorderwagen und das Oelbad für das Getriebe. Dementsprechend verringert sich das Gewicht auf 227 kg und der Preis auf 250 RM.*

* Neuerdings sind diese Preise wesentlich gesenkt. Verlangen Sie unsere letzte Preisliste.

60 jährige Erfahrungen auf dem Spezialgebiet der Kartoffel-Erntemaschine haben in der Lanz Kartoffel-Erntemaschine „Original Harder" Typ Standard D ihre Verkörperung gefunden und stempeln sie zum Spitzenfabrikat der Gegenwart.

HEINRICH LANZ MANNHEIM
AKTIENGESELLSCHAFT

LANZ
Vollölbad-Roder
TYP „LK"

Einfach im Aufbau
Kräftig in der Bauart

Vollölbad-Roder

P D 2548/11

Die Vorzüge der Lanz Vollölbad-Roder Typ „LK"

1

Einfach im Aufbau

Das Oelbadgehäuse der LK-Roder dient gleichzeitig als Rahmen.

Nur ein Zahnradgetriebe besitzen die LK-Roder.

Die Scharachse ist im Oelbadgehäuse doppelt verankert.

Der Zugrahmen ist unmittelbar mit dem Oelbadgehäuse verbunden.

Das Kupplungsgestänge ist vereinfacht und wird automatisch beim Ausheben der Maschine betätigt.

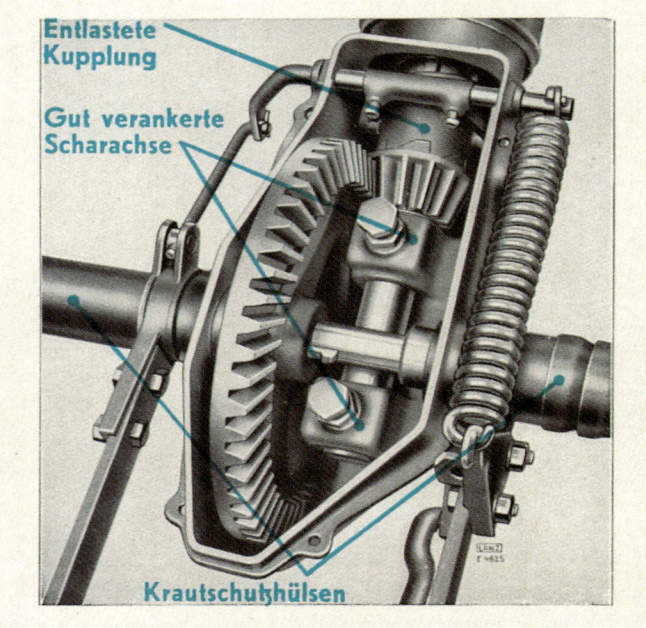

(Bildbeschriftungen: Entlastete Kupplung, Gut verankerte Scharachse, Krautschutzhülsen)

2

Kräftig in der Bauart

Wie beim Schlepper ist das **Getriebegehäuse** gleichzeitig **Tragrahmen**.

Dieses Gehäuse umschließt ein Zahnräderpaar, das mit **Spezialverzahnung** versehen ist, die es ermöglicht, die **Scharachse** unter die Fahrachse zu legen und somit **sehr lang einzuspannen**. Gleichzeitig bewirkt **die Schrägverzahnung stoßfreien Getriebelauf. Starke Fahrräder** mit eingenieteten Flach-Hohlspeichen und rutschsicheren Greifern übertragen mittels der eingekapselten, **doppelten Klinkensicherung** die Zugkräfte auf die **sehr kräftige Fahrachse**.

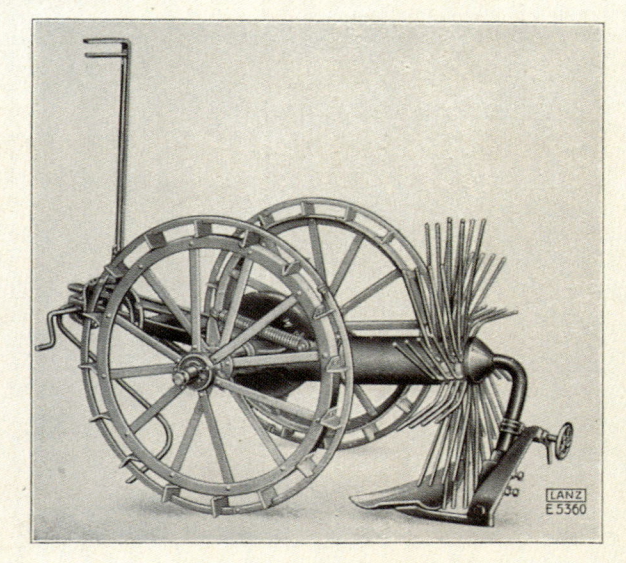

Labels on diagram:
- Entlastete Kupplung
- Sonderverzahnung
- Federnde Ablegesternzinken
- Starke Scharachse
- Deichselverstellung
- Krautschutz-Trommel
- Geschlossenes Oelbad
- Gut verankerte Scharachse
- Handrad zur Scharspindelverstellung

③

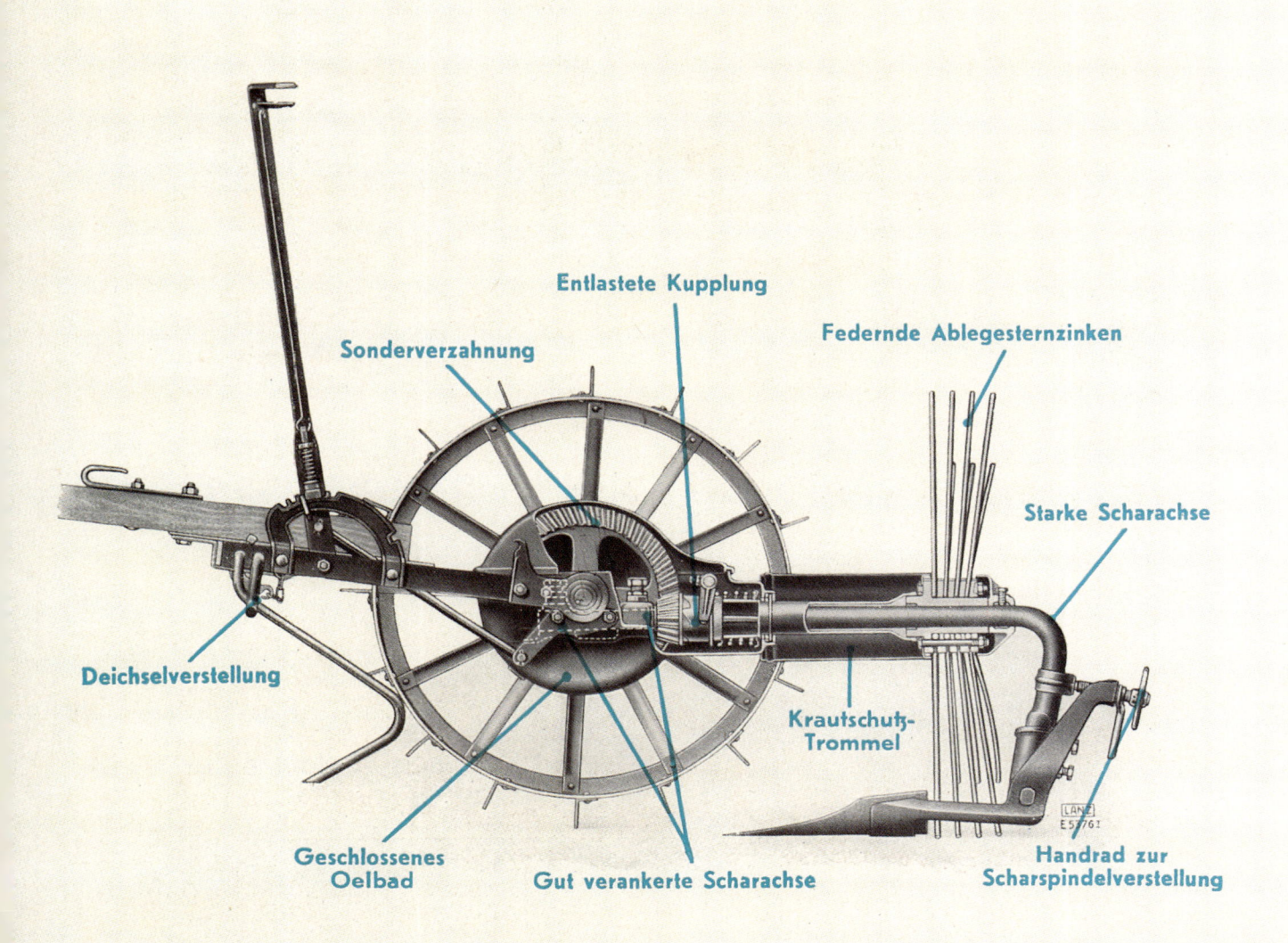

Zweckmäßig in der Ausführung

Die Kupplung der LK-Roder sitzt hinter dem schnellerlaufenden kleinen Antriebszahnrad, wodurch die **Beanspruchung der Klauen** wesentlich **herabgesetzt** und die **Anfahrtszeit verkürzt** wird. **Der Kupplungsausrückhebel** ist doppelseitig im Gehäuse gelagert.

Die kräftige, abgebogene **Scharachse** der LK-Roder reicht vom Oelbadgehäuse bis **hinter den Ablegestern** und trägt an ihrem unteren Ende den **in der Höhe verstellbaren Scharhalter**.

Diese bahnbrechende Verlegung des Scharstiels hinter den Ablegestern wurde **zuerst von uns** angewandt. Sie wird als solche nach dem übereinstimmenden Urteil maßgebender Fachleute aus Landwirtschaft und Industrie als ein großer Vorteil gewertet, führt sie doch zu einer **fortwährenden, selbsttätigen Reinigung der Maschine**.

Hierdurch und durch Anbringung geeigneter Kraut-Schutzhülsen werden bei den LK-Rodern Verstopfungen oder Krautwickeln vermieden.

Der **Ablegestern** der LK-Roder dreht sich auf der Scharachse und ist mit **in sich federnden Rundstahlzinken ausgerüstet.** Diese Bauweise gewährleistet eine wirksame Abfederung der grabenden Teile und schützt vor Brüchen.

Durch **zweckmäßige Formgebung** und **langsame Umdrehzahl** werden die Kartoffeln gewissermaßen sanft aus dem Damm herausgekehrt: **Daher keine Beschädigung der Kartoffeln und geringe Ablegebreite, die das Aufsammeln erleichtert.**

Der **Scharhalter** ist am unteren Scharachsenende zur Einstellung der Zinkenüberdeckung in der Höhe verschiebbar angeordnet. Ferner ist er mit einer **Stellspindel mit Handrad** ausgerüstet, die eine bequeme Einstellung des Schares auch während der Arbeit ermöglicht.

Das **Schar** kann also leicht in jeder Tiefenstellung der Maschine so eingestellt werden, daß es **fast parallel zur Bodenoberfläche steht.** In dieser Stellung wird das Schar nur den Boden teilen, es braucht ihn aber nicht wesentlich zu heben; das ist gleichbedeutend mit **weiterer Zugkraftersparnis.**

Das **linke Fahrrad** ist **verschiebbar** auf der Achse angeordnet, wodurch die Maschine **jeder Reihenentfernung leicht angepaßt** werden kann.

Der **Zugrahmen** mit Deichselverstellspindel ist so am Oelbadgehäuse befestigt, daß die Zugkräfte unmittelbar auf das Gehäuse und somit auf die Scharachse übertragen werden.

4

Ueberraschend leichtzügig

Mit Ausnahme des Ablegesterns werden **alle Triebwerkteile und Lager selbsttätig geschmiert. Die Fahrachse** lagert in **zwei auswechselbaren Gußbüchsen,** die im Oelbadgehäuse befestigt sind. Diese Anordnung hat gegenüber der Befestigung der Lager auf einem gesonderten Maschinenrahmen den Vorzug, daß niemals durch Rahmenverwindung ein Klemmen in den Lagern auftreten kann: **Deshalb sind die LK-Roder so verblüffend leichtzügig.**

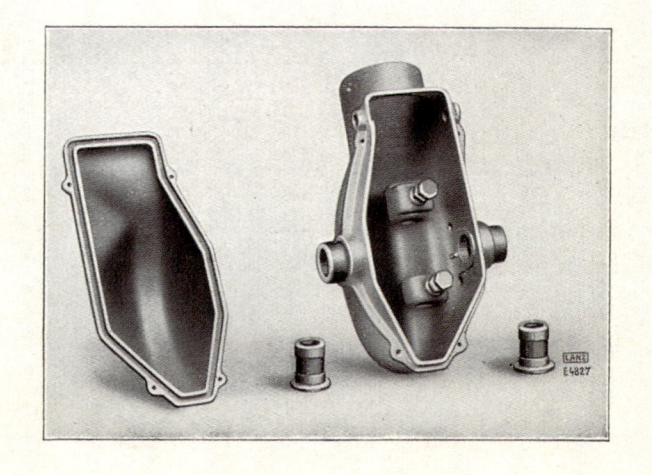

Diese technischen Vorteile

erleichtern und vereinfachen die Arbeit

weil das Ausheben der LK-Roder einfach und spielend **leicht ist,** da die Arbeit des Ausrückhebels durch eine Zugfeder kräftig unterstützt wird

weil das Einstellen der LK-Roder schnell und bequem **vor sich geht** durch Anwendung des Anschlages am Einstellsegment und des Handrades an der Schareinstellung

weil das Vollölbad selbsttätig alle Getriebeteile und Lager reichlich und zuverlässig mit Oel **versorgt,** und nur eine einzige Staufferbüchse zur Schmierung des Ablegesterns zu bedienen ist

weil die LK-Roder so leichtzügig sind, daß die Zugtiere nicht angestrengt werden

weil die Kartoffeln sanft herausgebracht werden, und daher unbeschädigt bleiben

Wir liefern den Lanz-Vollölbad-Roder LK in drei Größen.....

Typ	Vorderwagen	Rad mm	Ablegestern Ø mm	Ablegestern Anzahl der Gabeln	Scharbreite mm	Spurbreite mm	Gewicht etwa kg
LK 20	ohne	800	900	8	550	700 — 800	225
LK 30	ohne	900	1000	12	600	800 — 900	265
LK 30	mit	900	1000	12	600	800 — 1400	320
LK 40	ohne	1000	1000	12	600	800 — 1400	340
LK 40	mit	1000	1000	12	600	800 — 1400	400

Lanz Vollölbad-Roder

LK 20

Ein vollwertiger, kräftiger Klein-Roder, für bäuerliche Betriebe. Er kann wahlweise mit Zweispännerdeichsel oder Einspännerschere ausgerüstet werden. Auf Wunsch wird dieser Roder gegen Mehrpreis mit breiter Fahrachse und Kutschersitz geliefert.

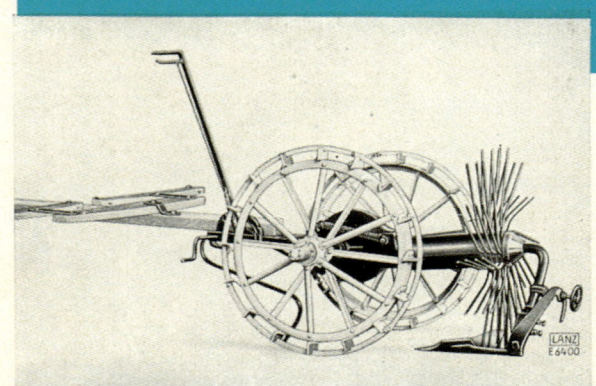

LK 30

Dieser robuste Roder besitzt noch höhere Fahrräder und einen größeren Ablegestern als der Typ LK 20. Er zeichnet sich durch besonders große Durchgänge aus, die sich in hohem Kraut vorteilhaft auswirken. Diese Maschine wird mit oder ohne Kutschersitz und Vorderwagen geliefert. Mit Kutschersitz und Vorderwagen wird sie vorzugsweise mit breiter Fahrachse ausgerüstet.

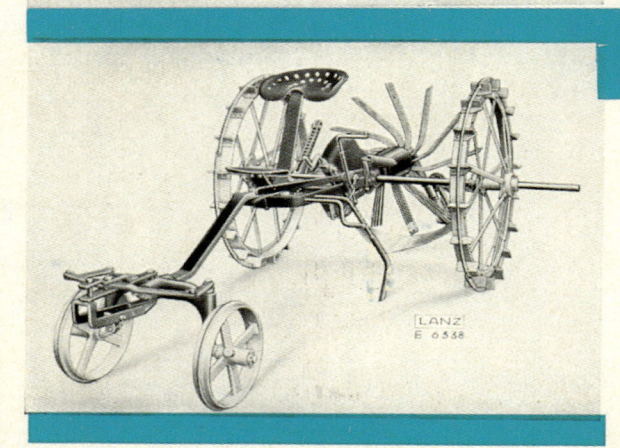

LK 40

LK 40 ist der Roder für größte Flächenleistung und für Betrieb hinter Schlepper. Er wird in drei Ausführungen geliefert und zwar:

mit automatischer Aushebung, Vorderwagen, Zweispännerdeichsel samt Zugwaage, Kutschersitz und breiter Fahrachse;

mit Handaushebung, Vorderwagen, Zweispännerdeichsel samt Zugwaage, Kutschersitz und breiter Fahrachse;

mit Handaushebung, Zweispännerdeichsel samt Zugwaage, breiter Fahrachse, ohne Vorderwagen, ohne Kutschersitz.

Hinter Schlepper findet statt Vorderwagen die Schlepper-Anhängevorrichtung Verwendung.

HEINRICH LANZ MANNHEIM
AKTIENGESELLSCHAFT

Fernruf: 34411 * Drahtanschrift: Lanzwerk Mannheim * Drahtanschrift für die Lanz-Zweigstellen: „Lanzwerk"

Zweigstellen:	Fernruf:		
Berlin W9, Bellevuestraße 10	Kurfürst 9226	Köln-Zollstock, Höningerweg 115/31	95941/42
Breslau 13, Kaiser-Wilhelm-Straße 35	Sa.-Nr. 38221	Königsberg i. P., Bahnhofwallstraße	Pregel 41135
Hannover-Wülfel, Brabrink 4	84347	Magdeburg, Listemannstraße 17	23341
		München-Laim, Landsberger Straße 328	München 80451

EW 2548/IV
jata

LANZ

Kartoffel-Roder SR 1

**Das Hochleistungsgerät
für die bäuerliche Kartoffelwirtschaft**

Vermehrung des Kartoffelanbaues

ist eine ernährungspolitische Notwendigkeit, denn die Kartoffel holt rund das Doppelte an Stärkewerten aus der gleichen Ackerfläche, wie Getreide. Die Kartoffel erfordert aber – wie alle Hackfrüchte – einen besonders großen Arbeitsaufwand für ihren Anbau, ihre Pflege und erst recht für die Ernte.

Die Sorge um deren rechtzeitige und sichere Einbringung, Schutz vor Regen und frühen Frösten stellt an die zur Verfügung stehenden Arbeitskräfte große Anforderungen, die ein Vereinfachen und Erleichtern der Kartoffelernte zur grundsätzlichen Voraussetzung für ein erfolgreiches Ausweiten des Kartoffelanbaues machen, dessen Bedeutung durch den Mangel an Arbeitskräften aber in Frage gestellt wird.

Wirksame Hilfe ermöglicht auch hier der Schlepper mit den eigens für diesen Zweck entwickelten, hochleistungsfähigen Zusatzgeräten, die

die Arbeit vereinfachen,
erleichtern,
beschleunigen,
fehlende Hände ersetzen.

Getreu seiner Verpflichtung als Europas größter Landmaschinenfabrik, stets dem Fortschritt zu dienen, entwickelte **LANZ** auf Grund eingehender Versuche und reicher Erfahrungen die

LANZ-Zapfwellen-Roder

die nach dem grundlegenden neuen Gedanken der Vorratsfreilegung der Kartoffeln durch **weites Ausbreiten** des Kartoffel-Erdgemenges **in dünnem Schleier** arbeiten.

Auf diesem Arbeitsprinzip beruht der Erfolg der **LANZ**-Zapfwellen-Roder.

Der
LANZ-Zapfwellen-Roder SR1

ist ein nach den neuesten Gesichtspunkten, in harmonischer Anpassung an den **LANZ**-Bulldog entwickeltes Anbaugerät, das ein weiteres Heranziehen des Schleppers für die Kartoffelernte ermöglicht. Der Anbau ist spielend leicht, die Bedienung erfolgt durch den Schlepperfahrer und ist mehr als einfach.

In flotter Fahrt kann nun der Bauer vom Hofe weg mit seinem Bulldog und angebrachtem SR 1 zur Kartoffelernte hinaus aufs Feld, um dort unter Ausnützung der günstigsten Wetterlage schnell und sicher die Arbeit zu verrichten.

LANZ

Seine Vorteile

Hohes Arbeitstempo - Große Flächenleistung

Verminderung des Arbeitsbedarfes

Fortlaufendes Roden im Voraus

Bequemes Aufsammeln ohne Unterbrechung

LA

Unempfindlichkeit gegen wechselnde Bodenverhältnisse und starkes Unkraut

Weiches Auskehren der Kartoffeln – daher keine Beschädigung

sichern die Kartoffel-Ernte

Der fortschrittliche Anbauroder für mittlere Betriebe

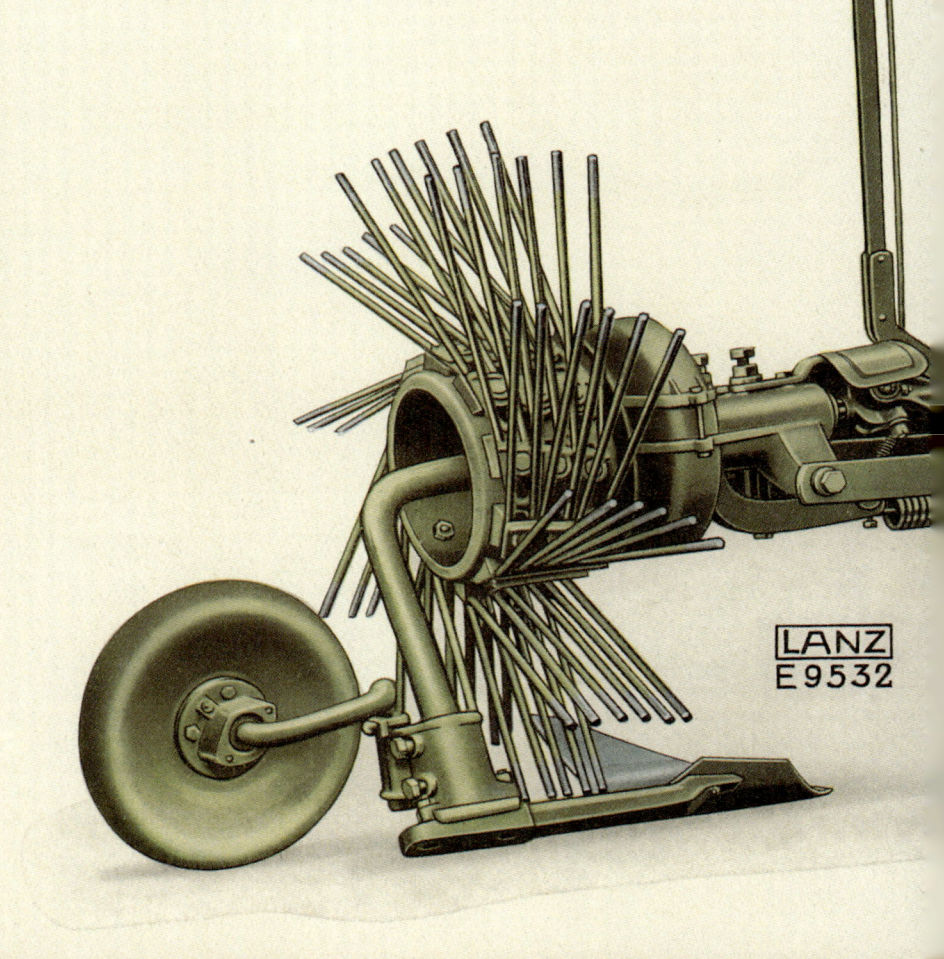

Zopfknollen

Rovnač SR 1

LANZ
Erntemaschinen

- Grasmäher
- Heuwender
- Heurechen
- Getreidemäher
- Gespannbinder
- Schlepperbinder
- Kartoffelroder

sind in enger Zusammenarbeit mit dem praktischen Landwirt entwickelt worden. Zweckmäßig im Aufbau, hochwertig in der Ausführung, wurden sie so die Maschinen,

wie sie der Bauer braucht.

Mit ihren ausgezeichneten Arbeitsergebnissen, ihrer großen Betriebssicherheit und langen Lebensdauer sind LANZ - Erntemaschinen

wirklich nutzbringende Helfer!

HEINRICH **LANZ** MANNHEIM
AKTIENGESELLSCHAFT

Fernruf 34411 · Drahtanschrift: Lanzwerk Mannheim · Drahtanschrift für die Lanz-Zweigstellen: „Lanzwerk"

Zweigstellen:	Fernruf:
Berlin-Charlottenburg 2, Uhlandstr. 11, Ecke Kantstr.	31 81 55
Breslau 13, Straße der SA. 35	382 21
Hannover-Wülfel, Brabrink 4	843 47
Köln-Ehrenfeld, Oskar-Jäger-Straße 143	508 41/42

Zweigstellen:	Fernruf
Königsberg i. P., Bahnhofwallstraße	Pregel 411 32
Magdeburg, Listemannstraße 17	223 41
München-Laim, Landsberger Straße 328	804 51
Wien XXI, Shuttleworthstraße 8	A 610 60 u. A 605 70

Posen, Bismarckstraße 1, Fernruf 2678 und 2679

EW 3112/II
aptir

LANZ
Zapfwellen-Roder SR 2
Das Hochleistungs-Gerät für die Kartoffel-Großwirtschaften

Der **LANZ Zapfwellen-Roder SR 2**

arbeitet zweireihig
mit einer durchschnittlichen Leistung von 0,5 ha je Stunde,

besitzt Zapfwellenantrieb,
der den beim Antrieb von den Fahrrädern aus auftretenden Schlupf und daraus sich herleitende Betriebsstörungen und Schwankungen in der Arbeitsgüte von vornherein ausschaltet,

ist einfach im Aufbau –
nur **ein** im Ölbad gekapseltes Stahlzahnradgetriebe,
nur **eine** durchgehende, auf Kugellagern laufende Welle,

ist betriebssicher,
denn er wurde aus der Praxis heraus entwickelt und so durchgebildet, daß er den harten Beanspruchungen, die an einen Roder gestellt werden, in jeder Hinsicht Rechnung trägt.

Ein weiterer Beweis für die führende Stellung, die LANZ im Erntemaschinenbau einnimmt.

Steigerung der Kartoffelernte

heißt das große Ziel, das Vierjahresplan und Erzeugungsschlacht der deutschen Landwirtschaft stellen. Die Kartoffel verlangt einen verhältnismäßig hohen Aufwand an Arbeitskräften, der für die Ernte am größten wird. Darüber hinaus erfordert der Schutz vor Regen und frühen Frösten eine größtmögliche Beschleunigung der Kartoffelernte; ein Vorhaben, das weiter erhöhte Ansprüche an die Zahl der zur Verfügung stehenden Arbeitskräfte und deren Leistung stellt. Bei dem bekannten Mangel an Arbeitskräften ist ein erfolgreicher, vermehrter Kartoffelanbau in Frage gestellt, wenn nicht die notwendigen technischen Hilfsmittel in ausreichendem Maße zur Verfügung stehen. Insbesondere ergab sich hier die Notwendigkeit, eine

Kartoffel-Erntemaschine mit großer Flächenleistung

zu entwickeln, die

die Leistungen der Sammler um ein Vielfaches steigert.

Diese Voraussetzungen erfüllt der

LANZ
Zapfwellen-Roder SR 2

der zweireihig arbeitet. Da er eigens für den Schlepperbetrieb entwickelt worden ist, wird mit ihm der Schlepper, der die Leistungsfähigkeit des Betriebes an sich schon bedeutend erhöht, auch für die Kartoffelernte weit mehr herangezogen, als dies bisher möglich war. Damit wird eine ganz wesentliche Beschleunigung und Erleichterung der Kartoffelernte trotz fehlender Hände herbeigeführt.

Das Geheimnis der Arbeitsgüte des **LANZ**-Zapfwellen-Roders beruht in dem Gedanken, die Vorrats-Freilegung der Kartoffeln durch

weites Ausbreiten des Kartoffel-Erdgemenges
in dünnem Schleier zu erreichen.

Zapfw

LANZ
E9768

LA

llen-Roder

SR2

NZ

Der LANZ Zapfwellen-Rode

Er hat große Flächenleistung
Der Zapfwellen-Roder SR 2 arbeitet zweireihig und hat eine durchschnittliche Leistung von 0,5 ha je Stunde

Er ist unempfindlich gegen Kraut
Der hochbemessene Stahlrohrrahmen gewährt an allen Stellen des Roders freien Durchgang, so daß auch im hohen Kraut keine Verstopfungen auftreten

Er rodet auf Vor
Die großbemessene
Erdgemenge in einem
Kartoffeln einwandfrei

Er beschädigt k
Die in sich federnden
kung die zunächst noch
Damm aus, so daß Bes

Die Leistungssteigerung gegenüber H

Selbstverständlich ist es nicht möglich, sämtliche Karto

Kartoffel-Erdgemenges findet jedoch in allen Fällen ein

daß es möglich ist, lediglich mit einfachem Eggenstri

SR 2 sichert die Kartoffelernte, denn:

Er legt sauber frei
Ein Verschütten von Kartoffeln bei der nächsten Umfahrt der Maschine wird dadurch verhindert, daß neben dem Roder ein ungefähr 1,20 m breiter Streifen völlig frei von Kartoffeln bleibt

Er steigert die Leistung der Sammler
Auf den auf Vorrat gerodeten Flächen liegen die Kartoffeln frei ausgebreitet, gut sichtbar, so daß sie von den in Linien über das Feld gehenden Sammlern bequem aufgelesen werden können

esterne breiten das Kartoffel-
 Schleier aus, wodurch die
 zu liegen kommen

artoffeln
ken **kehren** ohne Schlagwir-
 gehüllten Kartoffeln aus dem
ngen kaum auftreten können

drodung beträgt das Zwei- bis Dreifache!

100 prozentig freizulegen. Durch das dünne Ausbreiten des

nz geringe Erdbeckung der Nachlese-Kartoffeln statt, so

ie Nachlesekartoffeln einwandfrei nach oben zu bringen.

LANZ *Erntemaschinen*

entsprechen allen Anforderungen

- Grasmäher
- Heuwender
- Heurechen
- Gespannbinder
- Schlepperbinder
- Kartoffelroder

Die **LANZ**-Konstrukteure sind stets darauf bedacht, die schwere Arbeit des Bauern leichter und wirksamer zu machen. Deshalb beschränkt sich **LANZ** auch nicht auf das Übliche, sondern führt ganz systematisch die technisch-wissenschaftliche Erforschung aller einzelnen Arbeitsvorgänge durch, mit dem Ziel: **LANZ** - Erntemaschinen

immer vollkommener, immer besser!

Der **LANZ**-Zapfwellenroder SR 2 wird geliefert für:

25 PS Bulldog, luftbereift ..... D 7500	35 PS Ackerluft-Bulldog ...... D 8506
25 PS Ackerluft-Bulldog ...... D 7506	45 PS Bulldog, luftbereift ..... D 9500
25 PS „Allzweck"-Bulldog .... D 7506	45 PS Ackerluft-Bulldog ...... D 9506
35 PS Bulldog, luftbereift ..... D 8500	55 PS Ackerluft-Bulldog ...... D 1506

HEINRICH **LANZ** MANNHEIM
AKTIENGESELLSCHAFT

Fernruf 34411 · Drahtanschrift: Lanzwerk Mannheim · Drahtanschrift für die LANZ-Zweigstellen: „Lanzwerk"

Zweigstellen:	Fernruf:	Zweigstellen:	Fernruf:
Berlin-Charlottenburg 2, Uhlandstr. 11, Ecke Kantstr...	31 81 55	Königsberg i. P., Bahnhofwallstraße	Pregel 411 35
Breslau 13, Straße der SA. 35	38 2 21	Magdeburg, Listemannstraße 17	223 41
Hannover-Wülfel, Brabrink 4	843 47	München-Laim, Landsberger Straße 328	804 51
Köln-Ehrenfeld, Oskar-Jäger-Straße 143	508 41/42	Posen-Luisenhain	26 78 und 26 79

Wien XXI, Shuttleworthstraße 8, Fernruf: A 61060 und A 60570

EW 3443
augun

M 0847

MIETEN ZUDECKEN

MIT ZAPFWELLENRODER

ist einfacher u. leichter, geht schneller und besser vor sich – spart Zeit und ersetzt fehlende Arbeitskräfte!

LANZ

Die Kartoffelernte

mit ihrem großen Arbeitsaufwand – dazu noch in der herbstlichen Jahreszeit – ist von jeher eine ebenso große wie unangenehme Arbeitsspitze, eine Tatsache, die bei dem heute bestehenden Mangel an Arbeitskräften die rechtzeitige Bergung der Kartoffel, dieses lebenswichtigen Volksnahrungsmittels, in Frage stellt. Die notwendige Ausdehnung des Kartoffelanbaus, als grundsätzliche Voraussetzung der großen, deutschen Vorratswirtschaft, kann aber nur durch richtigen, sachgemäßen Maschineneinsatz erreicht und sichergestellt werden.

Die deutsche Landmaschinenindustrie, an ihrer Spitze **LANZ**

hat nie Zweifel darüber gelassen, daß es nicht lediglich darum geht, gute hochleistungsfähige Maschinen zu bauen, die den gestellten Anforderungen entsprechen. Sie hat darüber hinaus immer wieder Überlegungen und langjährige Versuche angestellt, die die vielseitige Verwendung einzelner Arbeitsmaschinen zum Ziele haben, damit deren Einsatz immer wirtschaftlicher, der Arbeitsaufwand in der Landwirtschaft weiter vereinfacht und verringert werden kann und, was von gleicher ausschlaggebender Bedeutung ist, die Arbeit wird

noch mehr erleichtert.

Für die Erleichterung der Kartoffel-Ernte

kommt den Kartoffelrodern eine nicht mehr zu leugnende Bedeutung zu, vor allem seit mit den Zapfwellenrodern jene Hochleistungsgeräte geschaffen wurden, die den Arbeitsaufwand der Kartoffelernte im bäuerlichen wie auch im Großbetrieb wesentlich herabsetzen.

Mit dem Auskehren des Kartoffeldammes und der sich daraus ergebenden Vorratsrodung, verbunden mit allen Vorteilen, wie leichtes Aufsammeln usw., ist die Einsatzmöglichkeit des Zapfwellenroders noch nicht erschöpft.

Das **Einmieten** der Kartoffeln erfordert stets einen relativ hohen Aufwand an menschlicher Arbeitskraft, der überdies in eine Zeit stärkster Beanspruchung aller verfügbaren Arbeitskräfte und -mittel fällt (Hackfruchternte). Die **Verwendung des Zapfwellenroders Mietenzudeckmaschine** bedeutet Freiwerden von Arbeitskräften, die zusätzlich beim Sammeln eingesetzt werden können und zur Beschleunigung der Ernte überhaupt beitragen, denn das Einlagern der Kartoffeln selbst und das Wiederzudecken der Mieten von Hand ist eine zeitraubende, schwere Arbeit, die hauptsächlich männlichen Arbeitskräften zukommt.

Die Wirkungsweise der als Mietenzudeckmaschine arbeitenden Zapfwellenroder „SR 1" und „SR 2" gleicht etwa der einer umlaufenden Erdschaufel. Hierfür werden auf die Roderzinken entsprechende Schaufelbleche aufgesetzt, welche die erwünschte Wirkung ergeben. Beim zweireihigen Zapfwellenroder „SR 2" wird ein Stern, und zwar der hintere abgenommen; es arbeitet also nur der vordere. Um die schaufelnde Wirkung zu erhöhen, wird unter bezw. hinter dem Schar noch ein Leitblech angebracht.

Mit dem so hergerichteten Roder wird an der Miete entlanggefahren. Das entsprechend eingestellte Schar schiebt die lose Erdmasse dem Leitblech und den Schaufeln zu, die sie in einem dünnen Schleier gleichmäßig auf die Miete werfen. Je öfter nun der Roder an der Miete entlang hin- und zurückgefahren wird, umso dichter wird der Erdbelag der Miete. Es liegt im Interesse einer flotten Arbeit, wenn die Miete entsprechend lang gehalten wird, möglichst nicht unter 20—30 m, oder wenn kürzere Mieten in Reih und Glied angelegt werden, damit die Maschinen — ohne Rücksicht auf Mietenende — glatt durcharbeiten können.

Binnen kürzester Zeit ist so auf sehr einfache Weise das Zudecken der Miete ermöglicht, ohne daß außer dem Schlepperfahrer noch eine weitere Arbeitskraft nötig ist. Das bedeutet: wirklich zweckmäßige Ausnützung des Schlepperroders und ein Beispiel mehr für vielseitigen und

betriebswirtschaftlich richtigen Maschinen-Einsatz!

173

Steigerung der Kartoffelernte

ist eine ernährungspolitische Notwendigkeit

Die Kartoffel aber, wie alle Hackfrüchte, erfordert einen besonders großen Aufwand für ihren Anbau, ihre Pflege und erst recht für die Ernte.

Die Sorge um ihre rechtzeitige und sichere Einbringung, der Schutz vor Regen und frühen Frösten stellen an die verfügbaren Arbeitskräfte große Anforderungen. Vereinfachen, Erleichtern und Beschleunigen sind grundsätzliche Voraussetzungen für ein erfolgreiches Ausweiten des Kartoffelanbaus, der aber bei dem heute bestehenden Mangel an Arbeitskräften nur durch richtigen, sachgemäßen Maschineneinsatz erreicht und sichergestellt werden kann.

VERLANGEN SIE UNSERE ERNTEMASCHINEN-SONDERPROSPEKTE!

Eine anerkannt führende Bedeutung haben dabei die

LANZ
Kartoffel-Roder
für Gespann- und Schlepperbetrieb

Mit ihren ausgezeichneten Arbeitsergebnissen wurden sie wirklich nutzbringende Helfer des deutschen Bauern.

HEINRICH LANZ MANNHEIM
AKTIENGESELLSCHAFT

Fernruf 34411 · Drahtanschrift: Lanzwerk Mannheim · Drahtanschrift für die Lanz-Zweigstellen: „Lanzwerk"

Zweigstellen:	Fernruf:	Zweigstellen:	Fernruf:
Berlin-Charlottenburg 2, Uhlandstr. 11	31 81 55	Königsberg i. Pr., Bahnhofwallstraße	411 35/36
Breslau 13, Straße der SA 35	382 21	Magdeburg, Listemannstraße 17	223 41/43
Hannover-Wülfel, Brabrink 4	843 47	München-Laim, Landsberger Straße 328	804 51
Köln-Ehrenfeld, Oskar-Jägerstraße 143	508 41/42	Wien XXI, Shuttleworthstraße 8	A 610 60 u. A 605 70

Posen, Bismarckstraße 1, Fernruf 2678/79

LANZ – faszinierende, lebendige Technikgeschichte

Kurt Häfner, der Kenner und Lanz-Spezialist, dokumentiert in dieser beliebten Reihe die interessante Geschichte und vielfältige Produktpalette des Hauses Lanz. Fundierte Texte, einmalige Fotodokumente, eine Fülle von Tabellen und technischen Daten machen diese Bücher zu einer unverzichtbaren Fundgrube für jeden technisch-geschichtlich Interessierten, für alle Bulldog- und Schlepperfreunde.

LANZ Firmenchronik 1859-1929
255 Seiten, 451 Abbildungen
ISBN 3-440-06842-0

LANZ Kühler-Bulldogs von 1928-1942
174 Seiten, 215 Abbildungen
ISBN 3-440-05993-6

LANZ Holzgas-, Raupen-, Nachkriegs-Bulldogs von 1942-1955
167 Seiten, 258 Abbildungen
ISBN 3-440-06067-5

LANZ Halbdiesel-, Volldiesel-Bulldogs, John Deere-Lanz Bulldogs von 1952-1962
192 Seiten, 302 Abbildungen
ISBN 3-440-06270-8

LANZ Alldog-Geräteträger von 1951-1960
135 Seiten, 222 Abbildungen
ISBN 3-440-06690-8

LANZ Bulldog-Prospekte von 1952-1962
174 Seiten, 60 Abbildungen
ISBN 3-440-06955-9

kosmos

Bücher • Videos • CDs • Kalender

zu den Themen : Natur, Garten- und Zimmerpflanzen, Astronomie, Heimtiere, Pferde, Kinder- und Jugendbücher, Eisenbahn/Nutzfahrzeuge

Keiner europäischen Firma außer Lanz ist es im Schlepperbau je gelungen, eine Legende aus ihrem Produkt werden zu lassen!

Die Lanz-Bulldogs waren zweifellos die faszinierendsten Traktoren, die jemals weltweit gebaut worden sind.

Sie bestachen durch ihre Einfachheit, Zuverlässigkeit und ihre bullige Kraft. Durch sie wurde es erstmals möglich, auch dem kleineren bäuerlichen Betrieb eine Zug- und Antriebsmaschine anzubieten, die sich in Anschaffung und Unterhaltung rechnete.

In diesem großformatigen Text-Bild-Band schildert Kurt Häfner die gesamte Geschichte dieser „Legende" vom Beginn bis zur Übernahme Ende der fünfziger Jahre durch die Deere-Company.

Fundierte Texte, 200 faszinierende, zum Teil farbige Fotos, Tabellen und technische Daten machen dieses Buch zu einer Fundgrube für jeden Bulldog- und Schlepperfreund.
Ca. 160 Seiten, gebunden, 22x28 cm.
DM 39,90 (zuzügl. Versandkosten)

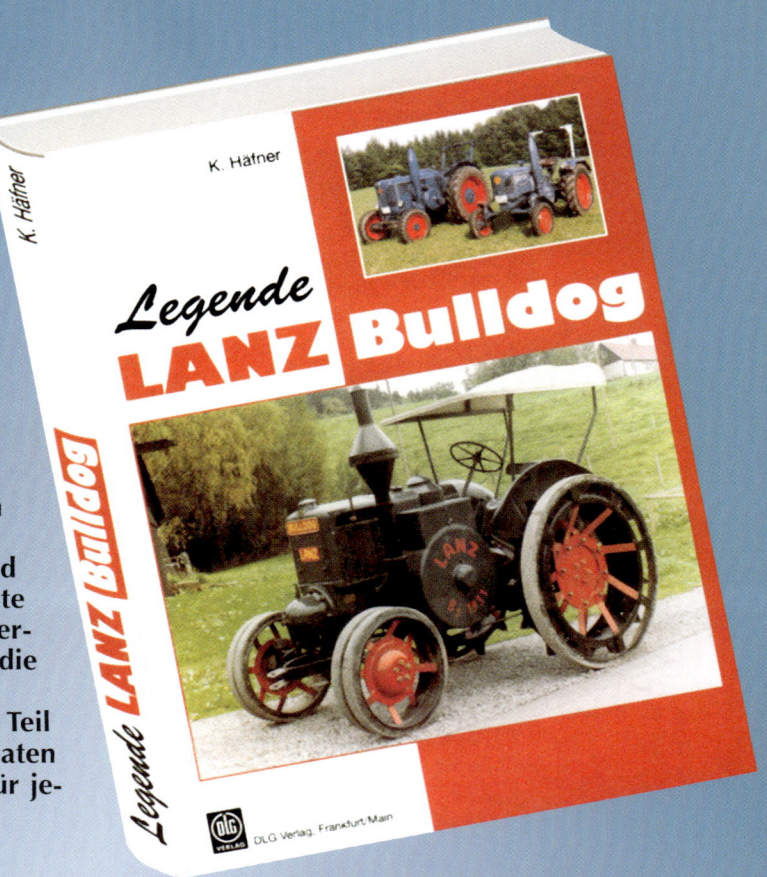

Neuerscheinungen

Mit diesem ansprechenden Oldtimer-Jahrbuch findet die beliebte Zeitschriftenserie ihre Fortsetzung.

Es geht wie gewohnt um bekannte und beliebte Fabrikate deutscher und ausländischer Hersteller.

So beispielsweise findet der Leser die Namen Lanz, Bautz, Deutz, Hanomag, Holder, Porsche, Case, McCormik, Deering, Eicher, MF, Fahr, Agria, Hatz, Schlüter, Vierzon, Valmet und viele mehr. Doch nicht nur die Schlepper sind es, die den Leser in ihren Bann ziehen, denn Landmaschinen werden genauso abgehandelt und beschrieben, wie es der anspruchsvolle Leser erwartet. Ein umfassender Bericht über Göpel, den landwirtschaftlichen Antrieb schlechthin aus der Zeit, als es noch keine Motoren gab, runden den Inhalt neben den Aktualitäten der Jahre 1957/58 und 1967/68 ab und geben eine Vielzahl interessanter, längst vergessener Neuheiten wieder. Daneben führt uns ein Messebesuch die modernen Hanomag-Produkte des Jahres 1956 vor Augen und läßt damit viele unserer älteren Mitbürger in Erinnerungen schwelgen.

Erfahrene Autoren garantieren dem Schlepper-Oldtimerfan wieder eine unterhaltsame wie informative Lektüre.
112 Seiten, DIN A4, gebunden.
DM 39,90 (zuzügl. Versandkosten)

KMH-Verlag · Kaisersbacher Straße 34 · 71540 Murrhardt